千古奇案系列

梦回两晋
看奇案

姜正成◎著

吉林出版集团股份有限公司

图书在版编目（CIP）数据

梦回两晋看奇案 / 姜正成著. —长春：吉林出版集团股份有限公司, 2018.7
ISBN 978-7-5581-5542-0

Ⅰ.①梦⋯ Ⅱ.①姜⋯ Ⅲ.①中国历史—晋代—通俗读物 Ⅳ.①K237.09

中国版本图书馆 CIP 数据核字（2018）第 149855 号

梦回两晋看奇案

著　者	姜正成
责任编辑	王　平　史俊南
开　本	710mm×1000mm　1/16
字　数	180 千字
印　张	12.75
版　次	2018 年 7 月第 1 版
印　次	2018 年 7 月第 1 次印刷
出　版	吉林出版集团股份有限公司
电　话	总编办：010-63109269
	发行部：010-67208886
印　刷	北京市通州大中印刷厂

ISBN 978-7-5581-5542-0　　　　　　　　定价：49.80 元

版权所有　侵权必究

前　言

中国是世界上唯一一个文字记载不曾中断的国家。历经五千年的风风雨雨，勤奋上进而富有责任感的史家先人为后世留下了浩如烟海的历史典籍，从史家巨著《史记》、《资治通鉴》到各类别史、杂史、野史、稗史，中华民族当之无愧地享有"历史的民族"的美誉。

本书内容讲述了一个充满谜团的两晋，力求将这长达一百多年发生在"中华大家庭"里的种种历史大戏在此呈现给读者。西晋司马氏家族一统天下的政权更替、权臣使诈和权谋伎俩，在权力面前亲情、友情、夫妻之情全部被当权者抛到脑后，一切的交易都已然成为一种"特殊的商品"。在此历史形态之下，生命不再矜贵，而是随时可以因为时局的变化、宫廷的政变、皇位的更替而"血溅刀锋"，"人头落地"。西晋的"八王之乱"所引发的社会之乱，数以万计的人被卷入这样的历史背景事件之下，无辜者为此丢掉性命，枉然抛洒了一腔热血，只是换来徒劳和惘然的结局。但是，越是在这样"血雨腥风"的环境之下，"魏晋之风"

和"儒雅德行"的社风蔚然流传，也就成就了我们汉文化一个最辉煌的支点。

正史的记录，野史的传说，戏剧的编排，不同时期有不同的评点，不同作品有不同的描述，是非真假众说纷纭。以故事说人物，以人物说历史，以历史说人性。本书通过现代视野，运用三维结构，为您梳理两晋历史的多重形象，用特殊历史事件来展现人性的复杂和诡秘，并透过历史迷雾，解构历史人物，以人性洞察历史，还原历史真相。

作为一个从"大一统"到分崩离析的时代，魏晋南北朝是一段民族觉醒的历史。可以说，魏晋南北朝时期是最坏的年代，也是最好的年代：荒淫无道的昏君，乱世崛起的英雄，爱恨情仇，殊死搏杀，欲望饕餮，风起云涌。它是上承秦汉下启隋唐的过渡阶段，是中国历史上政权更迭最频繁的时代，是充满战争与分裂的血色时代。分裂、对峙、动乱不堪的乱世充满了刀光剑影、烧杀抢掠，其中所透露出对生命的漠视令人心痛。但我们应当看到，即使烽烟四起、悲歌昂扬，这段历史仍在前进，社会有所发展、文明有所进步，为后来的唐宋繁荣做出了特殊的贡献。

夹在两大辉煌盛世中的两晋南北朝，更像是中国最浪漫的"中世纪"！这里有使人血脉贲张的十六国历史、建立赫赫战功的北朝；甚至还有南朝贵族式的门阀。这个时代好像有些"非典型"，可正是这种"非典型"造就了中华以后的面貌！

在编排此书的过程中，我们查阅了大量的史书资料，但由于我们的水平有限，可能还有很多的知识点有欠缺和遗漏的地方，在本书中难免会出现一些错误与不足，还恳请读者批评与指正。

上篇 政治阴谋的帝国谜案

两晋时期出现了多次战乱，其中宦官当政的"八王之乱"，以及后来的"桓温专政"等都为这个短命的帝国带来了巨大的灾难。在皇权背后，人人自危，政治阴谋也就不断发生，这之中的谜案永远留给了后人评说。

八王之乱：两晋时代的宦官当政案

"八王之乱"中活跃的小人物 …………………………… 002
门第官宦较量之谜 ……………………………………… 009
司马乂政变离奇成功 …………………………………… 015
司马乂、司马颖翻脸闹剧 ……………………………… 020
司马颙为何自毁长城 …………………………………… 026

五胡十六国：五胡乱华奇案

太康时代之谜 …………………………………………… 032
五胡十六国的分裂 ……………………………………… 038
荒唐的北凉皇帝沮渠牧犍 ……………………………… 043
五胡十六国四大猛将秘闻 ……………………………… 049
刘渊称帝之谜 …………………………………………… 054
五胡乱华吃人奇案 ……………………………………… 059

桓温专政：政治阴谋下的王室疑案

从郗超到桓温的政治谜团 …………………………… 063

桓温灭成汉之谜 …………………………………………… 068

桓温为何没有造反 ……………………………………… 073

王敦之乱：东晋权臣立身乱局之谜

王敦之乱背后的琅琊王氏 …………………………… 078

东晋平定王敦之乱秘闻 ……………………………… 084

王敦如何立身乱局？ …………………………………… 089

王敦临终的悲叹 ………………………………………… 093

苏峻之乱：朝廷命官战场被杀之谜

苏峻之乱之谜 …………………………………………… 096

苏峻为什么起兵？ ……………………………………… 101

"晋朝名臣"的平叛之路 ……………………………… 108

下篇　不可思议的帝王的秘闻

两晋朝虽然存在的时间不长，但是，这一时期的帝王却有着不为人知的谜情。他们或者英年早逝，或者白痴无能，这些表象所反映出来的事实到底是真是假？历史所遗留下的谜案，让帝王们的身世变得迷离莫测。

西晋惠帝司马衷秘闻

司马衷与皇后羊献容的乱世情缘 …………… 114
西晋王朝中的"女主角"? …………………… 117
晋惠帝司马衷是智障皇帝? …………………… 120
西晋为什么会成为短命王朝? ………………… 124

阴谋暗算：晋怀帝被掳之谜

晋怀帝司马炽被俘之谜 ………………………… 130
晋怀帝统治时期的永嘉之乱 …………………… 134
皇族之间的恩怨 ………………………………… 138

骄奢淫逸：刘聪与单太后迷情

刘聪迷恋单太后之谜 …………………………… 140
荒淫误国的刘聪 ………………………………… 143
拥有皇后最多的皇帝刘聪 ……………………… 145

东晋开国皇帝：晋元帝司马睿轶事

"私生子"晋元帝司马睿 ……………………… 147
最失败的东晋开国皇帝司马睿 ………………… 152
晋元帝司马睿与滁州琅琊山 …………………… 158
东晋皇帝司马睿的身世之谜 …………………… 162

英年早逝：晋明帝奇闻疑案
晋明帝司马绍传奇 ………………………………………… 164
晋明帝的后宫事务 ………………………………………… 167

附　录
《兰亭序》之谜 …………………………………………… 174
王羲之归隐之谜 …………………………………………… 180
王羲之书法之谜 …………………………………………… 184
陶渊明归隐之谜 …………………………………………… 188

后记 ……………………………………………………… 193

上篇

政治阴谋的帝国谜案

两晋时期出现了多次战乱,其中宦官当政的"八王之乱",以及后来的"桓温专政"等都为这个短命的帝国带来了巨大的灾难。在皇权背后,人人自危,政治阴谋也就不断发生,这之中的谜案永远留给了后人评说。

"八王之乱"：两晋时代的宦官当政案

综观古今，统治阶级为了争夺最高权力进行的阶级斗争，用残酷、血腥来形容一点儿也不过分，父子相残、夫妻反目、手足相争，毫无亲情可言。说起"窝里斗"，在中国历史上，大概没有比西晋初年的"八王之乱"更加"波澜壮阔"的了。

"八王之乱"中活跃的小人物

"八王之乱"是西晋政权崩溃的直接诱因，对此学术界已进行了相当深入的研究，对其成因亦从若干角度进行探讨，提出诸如分封宗室、实行宗王出镇政策、选择继承人失当、西晋士族门阀势力恶性膨胀等因素，为以后的研究工作打下了较为坚实的基础。但是，如果我们将视线从

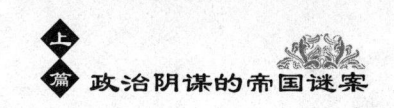

"八王之乱"的这些主角身上稍微移开一点，就会发现许多被掩盖在阴影之下的小人物，而进一步研究便会发现，这些小人物在"八王之乱"中所起的作用，实不在那些主角之下。他们是些什么人，在事件中发挥了哪些作用？他们为什么要这样做？他们的目的是什么？这些问题正是本文所要加以论述的。

"八王之乱"的过程已为治史者所熟知，但从不同的角度观察，各自取舍不同，就会得出不尽相同的结论，关于这场动乱成因的研究已经充分说明了这一点。研究自然科学的人都承认，人对客观世界的认识是永无止境的，同样，人们对历史的研究也是逐步深入的。迄今为止，研究距揭开历史的本来面目还有很远的路程，希望本文能使我们离历史真相更近一点，而不是相反。

回顾1700年前那场导致政权颠覆、生灵涂炭的全国性战乱，首先映入人们眼帘的自然是那些主角，他们为了争权夺利，不惜骨肉相残，演出了一幕幕世所罕见的惨剧。但对事态的进程深入了解后就不难看到，在其周围还有着若干起过重要作用的人，没有这些人的推波助澜，历史的发展或许会是另一种样子。所以要深入研究这场动乱，就绝不能忽视这些人。

在"八王之乱"中，首开杀戒的是楚王司马玮，他在诛杀外戚杨骏的斗争中起了重要作用，更是一手包办了杀死汝南王司马亮的阴谋，开启了宗室相残的序幕。整个事件中，在其身边始终可以看到长史公孙宏与舍人歧盛这两个人，就目前所能见到的史籍而言，有关这两人的记载并不多，但字里行间却反映出这两人所起的作用颇为重要。当

杨骏死后，执掌朝政的太宰司马亮欲遣楚王司马玮与诸王各归本国时，正是这两个人劝司马玮与皇后贾南风接近，使贾后留司马玮做太子太傅，司马玮因而得以留在朝廷，并执掌军权。又是他们两个，通过积弩将军李肇假传司马玮的旨意，向贾后讲司马亮与太保卫瓘阴谋废黜惠帝。尽管纯属无中生有，但企图控制朝政的贾后却借此让惠帝下手诏，连夜送给司马玮，命其统率禁军护卫宫廷，并宣诏免除司马亮与卫瓘的官职。公孙宏与李肇率军连夜包围司马亮府，杀死司马亮及其子司马矩。当天晚上，司马玮号令诸军，威震朝廷。歧盛劝说司马玮趁兵权在握时消灭贾后的势力，以安定王室。司马玮犹豫不决，而贾后则趁机让惠帝派人出宫持驺虞幡对禁军们讲，司马玮是假传圣旨，军队一哄而散，司马玮不知所措，遂被擒并处死。公孙宏、歧盛则被处以诛杀三族的重刑。

在楚王玮被杀后，贾后的势力在朝中急剧膨胀，但其在皇权的遮护下，尚未触及诸王的根本利益，且任用张华等人处理国家政务，政局进入相对平稳期。不过，随着太子司马遹年龄的增长，其与贾后集团的矛盾逐渐激化，大有一触即发之势。将动乱推向高潮的是赵王司马伦，其首先散布谣言，使贾后除去太子；而后又联合诸王势力铲除贾后集团，形成大权独揽的局面。而其废黜惠帝，篡位称帝的举动，则使动乱由宫廷政变发展为全国性大混战。

在赵王司马伦身边最引人注目的就是孙秀。司马伦一直对孙秀深信不疑，当其在关中因处置失当被征还朝廷后，就是听从孙秀的建议，依附贾后集团，遂深受重用。贾后废黜太子后，朝中矛盾空前尖锐，政局动荡不定。部分禁军将领准备废黜贾后，拥戴太子复位，并通过孙秀来请司马伦主持此事。孙秀在司马伦已做好消灭贾后集团的准备后，为其分析举事的时机及利弊，提出："今且缓其事，贾后必害太子，然后废后，为太子报仇，亦足以立功，岂徒免祸而已。"孙秀派人在外散布流言，并与司马伦劝说贾后集团的重要人物贾谧等协商先除去太子，以消除隐患。贾后果然派人毒死太子，遂使孙秀的计谋得以顺利实施。司马伦、孙秀策动禁军将领起兵废黜并杀死贾后及其党羽，同时除去张华等与己不睦的执政大臣，控制了朝政大权。在利用权力排挤及诛除异己后，在孙秀的怂恿及策划下，司马伦于永康二年（公元 301 年）正月废黜了在位多年但一直受制于人的晋惠帝，自己登上皇位。

孙秀由于拥戴有功而被任命为侍中、中书监、骠骑将军、仪同三司，实际控制了朝政大权。"（孙）秀住文帝（司马昭）为相国时所居内府，事无巨细，必谘而后行。（司马）伦之诏令，秀辄改革，有所与夺，自书青纸为诏。"但这种情况持续的时间并不长，同年三月，齐王司马冏、成都王司马颖等分别起兵，共同讨伐司马伦的篡位行动。四月，诸王军队逼近洛阳，禁军将领兵变，孙秀、司马伦等先后被杀，晋惠帝又重登皇帝宝座。

齐王司马冏率军进入洛阳后，被任命为大司马，执掌朝政，其部下葛旟（yú）等心腹都被封为县公，参与朝政的决断。由于齐王司马冏的专权，使其与在外统领重兵的河间王司马颙、成都王司马颖之间矛盾激化，二王再次率兵进攻洛阳。司马冏召集百官商议，尚书令王戎建议司马冏让出朝政大权，以避免冲突；葛旟认为退让是死路，只能发兵征讨，

应斩杀提议退让者。百官震惊失色，王戎假装药性发作，躲到厕所内，才免除杀身之祸。

成都王司马颖是八王之乱的主角之一，而许多重大决定都源于为其出谋划策的卢志。卢志任邺县县令时已得到司马颖的赏识，当齐王司马冏起兵讨伐赵王司马伦时，派使者联络司马颖，司马颖采纳卢志的意见，与司马冏等联合讨伐篡位的司马伦，并任命卢志为幕僚之首的左长史。当前锋战败，人心浮动，有人提议退兵时，卢志全力主派精兵连夜进攻，终于取得大胜，决定了司马伦的覆灭命运。在取胜后，司马颖又依从卢志的意见，不以功劳自居，借其母程太妃染病为由，返回驻地邺城，拒绝留在洛阳辅政，从而暂时避免了与齐王冏之间的直接冲突，赢得朝野上下的称誉。因而史书称："（司马）颖形美而神昏，不知书，然器性敦厚，委事于（卢）志，故得成其美焉。"后来，司马颖日益骄奢，不再听从卢志的建议，倚重身边的宦者孟玖等人，为与齐王、长沙王争权而不惜大动干戈，失去人心，终至败亡。

河间王司马颙身边的李含与张方也在动乱中起到了举足轻重的作用。赵王司马伦篡位后，镇守关中的司马颙没有像其他宗室那样起兵讨伐，而是派兵为司马伦助阵，这样做也是听从了李含的建议。"颙诛（起兵反抗赵王司马伦的）夏侯奭，送齐王冏使与赵王伦，遣张方率众赴伦，皆（李）含谋也。"不过在得知齐王冏军势强盛后，司马颙又派李含统军追赶张方，反戈一击，加入反对赵王司马伦的阵营。而李含诡称领受密诏，说动司马颙讨伐齐王司马冏，则是第二次宗室大混战的主要起因之一。张方作为司马颙的主要战将，统军两次攻入洛阳，杀死司马颙的政敌长沙王，并将晋惠帝劫持到长安。张方统率的军队曾一度成为中原地区最强大的武装力量，使司马颙不仅独揽朝政，且拥有废立皇位继承人的权力。在将晋惠帝劫持到长安后，张方本人也被任命为中领军、录尚书事、领京兆太守，集军权、政权及地方行政权于一身，成为炙手可热的人物。

除了上述诸王身边的心腹外，禁军中下级将领和宫廷侍卫武官在动乱，尤其是宫廷政变中起着不容忽视的作用。贾后在阴谋诛杀辅政的外戚杨骏时，就是依靠殿中中郎孟观、李肇等，一举成功。李肇后来又参与了楚王司马玮起兵杀死汝南王司马亮的行动。赵王司马伦能成功地进行宫廷政变，诛杀贾后及其党羽，也在于其得到司马雅、许超、士猗、闾和等禁军将领的支持。淮南王司马允起兵反抗赵王司马伦失败的主要原因之一，就是原本奉诏出宫协助司马允的司马督护伏胤被赵王司马伦一方所收买。长沙王在率领禁军与成都王、河间王交战时，东海王司马越看到洛阳城中兵疲粮尽，就与朱默等禁军将领合谋，将长沙王缚送金墉城，交给张方处死。

由于禁军将领在历次宫廷政变中都起到举足轻重的作用，故成都王司马颖在除去长沙王后，"遣奋武将军石超等率兵五万屯十二城门，殿中宿所忌者，颖皆杀之；悉代去宿卫兵。"但这些措施并未起到预期的作用，当成都王离开洛阳后，东海王司马越仍与右军将军陈眕及长沙王的旧部上官巳等统率禁军奉晋惠帝起兵讨伐成都王。即使晋惠帝已被劫持到长安，留在洛阳的禁军将领还曾先后两次借被废黜羊皇后的名义起兵，只是很快就被镇压下去。东海王司马越为根除这种隐患，借禁军将领多

在政变中得到封赏的机会,上奏请将已封侯爵的都解除侍卫职务,"时殿中武官并封侯,由是出者略尽,皆泣涕而去。乃以东海国上军将军何伦为右卫将军,王景为左卫将军,领国兵数百人入宿卫。"尽管此举较为彻底地解决了禁军的问题,但西晋政权也已到了风雨飘摇的最后境地,很快即土崩瓦解。

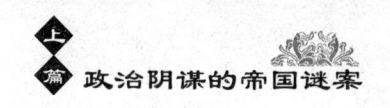

门第官宦较量之谜

西晋时期，士族高门的各项特权还处于形成阶段，在社会舆论上尚未形成共识，对此持非议者遍及社会各阶层，包括部分出任要职的士族高门。在官吏选拔上则表现为：一方面，部分重要职位已基本上被高门所垄断；另一方面，寒门人士仍有一定的晋升途径，只是这一途径越来越窄，同时其上升空间也十分有限，遵循这一途径，已不具有汉魏之际那些新贵改换门庭的可能性。具有上升欲望的寒门人士在缺乏选择余地的情况下，只有选择投靠诸王这一条较为可行的策略，但投靠诸王只是他们的起点，而非最终目的。取得一定权力，但又备感压抑的寒门人士对于压抑他们的士族高门表现出极大的不满与怨恨，并逐渐将怨恨目标转化为代表士族高门利益的西晋政权。

比较同样身为诸王谋主的卢志与李含，就可看到两人在对待西晋政权的态度上存在着明显的差异，尤为突出的是对赵王司马伦篡位及齐王司马冏、长沙王乂执掌朝政所采取的方针。出身士族高门的卢志的主导思想是维护西晋政权的正常统治秩序，所以当赵王司马伦篡位后，卢志积极主张出兵讨伐，以恢复原有的国家秩序；而在是否进攻执掌朝政的

齐王及长沙王问题上，卢志则极力劝阻成都王司马颖，不愿因宗室相互残杀而破坏西晋政权的统治能力。

赵王篡位后，打破原有的政治局势，引起政局的大动荡，李含恰在此时成为河间王司马颙的首席僚佐（长史）。他给河间王的建议与卢志的完全相反，河间王出兵扑灭关中反抗赵王的势力，将齐王派来联合反赵的使者押送给赵王，并派张方统兵去援助赵王伦等一系列举动都源于李含的建议。只是后来看到局势对赵王十分不利，才又反戈一击，加入到反对赵王的阵营中。当赵王篡位一幕以其被杀而结束后，齐王进入洛阳，控制朝政。不久，已出任翊军校尉的李含伪称领受密诏，自洛阳出奔长安，说动河间王起兵讨伐齐王，成为第二次大战乱的直接起因。李含原拟由河间王上表，让身在洛阳的长沙王讨齐王，企图在齐王杀死手无兵权的长沙王后，以此为借口发动各地的宗室力量来讨伐齐王。不过长沙王起兵后立即进宫挟持晋惠帝，利用护卫皇帝的禁军战胜大权在握的齐王，使洛阳政局再度稳定下来。李含的本意是借机一并除去齐王与长沙王，废黜晋惠帝，拥成都王为帝，使河间王入朝辅政，自己就可为所欲为了。因此，尽管李含也因河间王的推荐入朝担任京城的行政长官河南尹（三品），但其仍未满足，还密谋除去长沙王。最终却被长沙王所杀。

李含的才干在动乱前已在社会上得到相当程度的认可，但如没有这场动乱，其仍处于被排挤压抑的境地，极不可能在短时间内升任禁军高级将领（翊军校尉）和京城行政长官（河南尹）。假如未被长沙王杀死，当河间王真正控制朝政大权时，李含的官位会更高，实权也更大。因此，可以说这场动乱为李含提供了谋求其在政局稳定时所不可能得到的地位

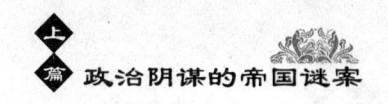

和权力的机会。

　　同样的，禁军中下级将领和宫廷侍卫武官也得到了这一机会，前面提到的孟观在晋惠帝即位后任殿中中郎（八品），但在参与诛除杨骏事件后升职为重要的黄门侍郎（五品），接着迁任禁军高级将领积弩将军（四品）并封为上谷郡公（一品），其升迁之速是极为罕见的。尤其是受封为开国郡公，是仅低于诸王的封爵，即使是亲临指挥或运筹帷幄，立下平吴大功的王浚、杜预、张华等也不过进封为县侯，由此可见封赏之厚。其他人也都在动乱中得到优厚的封赏，当东海王司马越欲铲除导致宫廷政变的基础时，奏请凡受封为侯爵的不再充任宫廷侍卫，"时殿中武官并封侯，由是出者略尽，皆泣涕而去。"这也从侧面反映出动乱给他们带来了以前难以得到的名位。

　　在动乱中爬上空前高位的，是原来地位比李含还低得多的孙秀与张方。孙秀在辅佐赵王司马伦登上皇位后，身兼侍中、中书监、骠骑将军等要职，并取得仪同三司的待遇，自己任意书写或修改诏书，可谓权倾一时。张方在劫持晋惠帝到长安后，出任中领军、录尚书事、京兆太守，集军权、政权及地方行政权于一身，成为朝中最有实权的高官。

　　正是由于只有动乱才能使寒门人士拥有摆脱西晋政权不平等待遇的机会，因此，大多数已占有一定位置的寒门人士自觉或不自觉地采取了与西晋政权利益不一致的做法，这对动乱的爆发与政局的持续动荡起到明显的促进作用。那些身处社会底层的寒门人士则更是苦于没有晋升机会，而热切盼望现有秩序的被打破，如自幼贫贱的刘灵，虽有力制奔牛、走及奔马的能力，却因无人举荐，只好抚胸长叹："天乎，何能乱也！"

陈安、桃豹等人亦有类似的境遇，故而当动乱刚把西晋政权的统治撕开一道缝隙时，这些人就立即投身进去，构成了动乱的群众基础。

寒门人士借助诸王对皇位的觊觎之心，通过打破政权的正常秩序与选任制度来寻求自身的上升之路，尽管外在表现形式为宗室诸王对最高统治权的争夺，但在表象之下隐藏着渴盼上升的寒门人士与垄断政治特权的士族高门之间的较量。

在这一过程中，大部分寒门人士仅仅基于感觉到自身所受的不平等待遇，没有进身之路而投身动乱，并没有明确的目标，既不是以推翻西晋政权为号召，又没有打破士族高门垄断政治特权的计划，即使其进入国家权力中枢，也只是改变了自己与相关小集团的地位，并未对原先压抑的各项制度提出修改方案或建议，因而从当时史料中看到的是在动乱中若干个人或小集团迅速改变自身地位，以及他们利用手中权力报复以前压抑或凌辱自己的士族高门，却几乎没有看到其为试图改变政策或制度所进行的努力。

由于寒门人士对于新选任体制存在着普遍的抵触情绪，尽管没有一个机构来协调他们的行动，没有一个人或小集团来充当他们的领袖，但仍具有巨大的能量，只是为西晋政权的统治力所压抑，未能显现出来，而潜伏于社会矛盾的底层。一旦机会来临，爆发出来，则势不可挡。寒门人士虽未以颠覆西晋政权为目标，但其种种做法却削弱了西晋政权的统治能力，激发了潜伏在西晋政权统治深处的诸多矛盾，一步步将西晋政权推向灭亡。

晋武帝遗留下来的是一个关系微妙、相互制约的非常态政权，由于其已经考虑到最高统治者或许不能完全胜任治理国家重任这一因素,特别安排了由宗室与外戚、京师与外镇、中央禁军与各地驻军以及宗室诸王之间相互制约所形成的政治均势,各方皆难于拥有绝对的优势。因而既定的权势均衡一旦被打破,政局就处于不停的动荡之中,联盟对象不断更换,被孤立的执政一方无力对抗其余各方的合力,很快就被推翻,失败者及其党羽不仅被剥夺了一切权力,而且很难保住性命。

由于寒门人士是利用动乱之机以个体形式进入上层统治集团的,与士族高门处于对立状态,所依仗的是某一派系首领的信任,既缺乏政治、经济基础,又没有宗族、婚姻、门生、故吏等错综复杂的人际关系,随着执政权力的不断易手,寒门人士往往在登上自己事业的顶峰之后,即面临身诛族灭的惨祸,前述权倾一时的寒门人士概莫能外。因而在这场政治大动乱中确有不少寒门人士上升到在正常情况下几乎无法想象的地位,但他们未能维持住这些地位,更未能将自己的家族地位上升为士族高门。在动乱中崛起的寒门新贵又随自己所依附派系的失败而烟消云散,归于乌有。

士族高门的情况与寒门人士有相当大的差异。首先,高门对于动乱的态度,尤其是在初期阶段,比寒门人士要消极的多,与寒门人士主动投身于其中相反,高门大多是较为被动地被卷入动乱之中,因而其涉入程度多较寒门人士为浅,本派系失败后,一般不是敌方追究的重点;其二,高门拥有由婚姻、门生、故吏等织就的庞大关系网,平时相互提携,危急时则相互援救,如裴楷就是得到亲故的援手,从而在杨骏、司马亮等事件中两次死里逃生,门孤援寡的寒门则无此幸免机会;其三,高门

即使被杀，在事后也有人为其申诉，恢复其官爵，使其子孙能继续荫袭，如卫瓘、石崇、武茂等，从而保证了家族地位的延续；其四，高门族大人多，且较少受到夷灭三族的重创，受到打击后，在政治、经济及宗族乡里的基础之上，借助于庞大的关系网，比较容易东山再起，而人单势孤的寒门人士则绝少有这种可能。

已经形成的士族高门尽管在动乱中受到一定的打击，但仍把握着政治上的主动权，且随着西晋皇权的衰弱，实力进一步扩张，从而形成高门与皇权共治天下的东晋政权。

这只是寒门人士与刚形成权力垄断的士族高门在政治上的第一场较量，由于士族高门的腐朽性尚未充分表现出来，还具有相当的活力，加之各自为战的寒门人士并未能形成统一的力量，在这场较量中的失败应该说是理所当然的。不过，较量并未终止，只是由于此后士族高门的政治与经济特权发挥到极致，使得寒门被深压在社会底层，已不具备这种正面抗争的机会，因而转变为迂回进取的反抗方式。

司马乂政变离奇成功

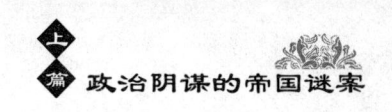

公元302年，皇太孙司马尚病逝，而当时，前太子司马遹的儿子全部死亡。按常理说，根据顺序排，应该由成都王司马颖做皇位的继承人，也就是皇太弟。但当时朝廷完全由齐王司马冏控制，他现在想的是千秋万代、一统江湖，于是立司马遹八岁的儿子——清河王司马覃为皇位继承人，也就是皇太侄。

司马冏大权在握，随心所欲，骄傲奢侈，全心全意追求物质享受。有一日，他突然觉得自己的府院不够气派，于是铲除公私建筑数百栋，使齐王府的规模能和皇宫媲美。

侍中嵇绍上书对此事进行批评，说："活着的人不要忘记死亡，这是《易经》提出的最好忠告。我希望陛下不要忘记金墉城的屈辱，齐王不要忘记颍上的苦战，成都王更不要忘记黄桥的惨败，这样祸乱的萌芽就不会发生。从前，祁放勋（唐尧）、姚重华（虞舜）用茅草搭房子，子天乙（夏禹）居住最简陋的宫殿。可现在呢，大兴土木，难道这是应该做的吗？"司马冏表示道歉，然后该怎么办还怎么办。

那个被司马冏下令用鞭子活活抽死的王豹，在临死前曾声嘶力竭地

说，把我的头割下来挂在大司马府前，我死后也要看着外军攻打齐王的那天。

果然被王豹言中，没过多久，河间王起兵了。

先不说齐王、成都王、河间王这三个手握重兵的亲王，就是其他一些势力较小的亲王，只要是姓司马的，哪个不摩拳擦掌，想过把权利的大瘾。但现在情况很微妙，司马冏的算盘是：自己手里握着重兵和皇帝，就算你东边一个亲王、西边一个亲王，除非你们联合起来，一个一个的来我谁也不怕。这就是三股势力的平衡，既然谁也没有能力去打破，那就保持现状吧。但看似平衡的局面，竟被一个小人物无意中给打破了。

那个人就是李含，朝廷征召司马颙长史李含回京，担任翊军校尉。平白无故接过了圣旨，司马颙依依不舍地拉着李含。

李含领了圣旨，卷起铺盖，就上路了。其实他不想走，倒不是他真的想留下，而是李含的仇人在京中。皇甫商在做梁州（四川省北部、陕西省南部）刺史的时候，李含和他就是对头，现在皇甫商在朝廷任职；当年义军起兵，李含不是向司马颙献策诛杀夏侯奭么，巧了，夏侯奭的老哥现在正好在齐王府任职；刚到洛阳没两天，李含又和司马冏的右司马赵骧干起来了。

继续留在洛阳，早晚是个死，于是李含打定主意，把心一横，单枪匹马跑回长安了。

司马颙一见李含，泪流满面，拉着他的手深情地说："兄弟，想死我了，你是不是也在洛阳呆着难受了，来来来，我去传人，咱们多日不见，好好聊聊。"

李含跪倒在地，从怀中取出一张破布，交到司马颙的面前，哭着说："大王，这是皇帝的密令。"

没错，李含在洛阳呆不下去，只好返回长安，假传圣旨，怂恿司马颙起兵讨伐齐王司马冏。

司马颙一看是圣旨，哪还怀疑有假，立刻热血沸腾。起兵造反。李含赶紧把一整套方案拿了出来："大王您看，成都王是皇帝的亲弟弟，有了大功却不独居，赢得了天下所有人的赞誉，而齐王现在一直手握大权，天下人对此都十分厌恶。我们起兵成功后，拥戴成都王，这样可以缓解压力，还能树立亲信，安定国家。咱们这么办，现在长沙王在京，我们命其讨伐齐王，长沙王力量薄弱，一定会被齐王诛杀，到时我们以此为借口，起兵讨伐，一定成功。"

于是司马颙上书皇帝，陈述司马冏的罪行，并宣称："已集结十万大军，将与成都王司马颖、新野王司马歆、范阳王司马虓共同在洛阳会师。先请长沙王逮捕司马冏，由司马颖在朝中辅政。"

奏章发出去后，一面令李含为都督率振武将军张方，领大军向洛阳挺进，一面派使节，邀请各亲王响应。使者来到邺城，司马颖也是热血沸腾，卢志上前劝阻，但司马颖执意出兵。

司马冏看到司马颙的奏章，大为惊恐，赶紧召集百官，一吐心中苦水："我首先响应勤王，发动义军，做臣属的节操，天地神明都可以作证。现在两个亲王听信谗言，大家说我该怎么办？"

这时尚书令王戎说话了："大王的功劳确实很大，但到目前为止，追随大王起兵的人，有的还没得到奖赏，这样人心就不服了。现在两个

亲王兵力强大，大王最好放弃权利，归隐以求避祸。"司马冏一听大为不悦！

突然一个姓葛的参谋，拍着桌子咆哮道："所有赏罚不应该是你尚书令的事吗？有奸人挑拨离间，犯上作乱，我们应该起兵讨伐才是，怎么凭着一纸空文就放弃权力。从曹魏到现在，王侯们交出权力后，哪个有好下场了。我看说这话的人应该拉出去斩首。"

可能是由于这位咆哮哥的内力实在深厚，据记载，当时在场的百官各个面无血色，浑身发抖。

等到李含推进到阴盘、张方推进到新安后，司马颙密令司马乂赶紧动手。果然不出所料，司马冏这时先下手为强，调集人马，派董艾袭击司马乂。一切都按照既定计划而行，李含眼看着就要成第一功臣了，于是，写信给留守的司马颙，叫他赶快准备美酒。

现在长安城中一片喜气洋洋，而洛阳城中则充斥着阵阵杀气。

公元302年12月。司马乂听说司马冏先下手了，匆忙凑够一百来人，飞奔至皇宫，请皇帝司马衷出来主持大局，准备反攻大司马府。这时，董艾集结部队到皇宫西门，也不手软，放火烧门，司马乂则是率兵在皇宫内死守，双方互揭老底。

当天夜里，司马乂趁着夜色，反攻出去，与司马冏军展开巷战。看似强大的司马冏居然和小小的司马乂打了三天三夜的巷战，最终战败，大司马长史赵渊生擒司马冏。

当司马冏被押到大殿的时候，皇帝司马衷看他可怜，想饶他一命，司马乂见状赶紧下令：推出去斩了。司马冏就这样被自己人灭了三族，

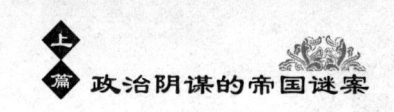

遭斩杀的人多达两千。至此，"八王之乱"第四王结束，司马冏自公元301年3月起兵，到公元302年12月被杀，当权一年零十个月。

司马颙内心生疑，赶紧写信质问李含："你不是说长沙王不是司马冏的对手么，现在是怎么回事?"

李含拿出手绢擦汗，回信说："大王没事，这次确实可惜，不过依我看，天下今后如何还不好说，只要大王厉兵秣马，早晚有逐鹿天下的机会。"

于是李含率军返回长安。而朝廷的大权就顺理成章地落入司马乂之手。

司马乂、司马颖翻脸闹剧

公元 303 年，司马家族的战争进一步升级。

司马颙派人包围了皇甫重，然后又密令已在洛阳的李含、侍中冯荪、中书令卞粹，让其秘密诛杀司马乂。但李含办事向来没谱，行动被司马乂察觉，三人全部被斩首，与此事还有牵连的骠骑将军诸葛玫、司徒长史牵秀连夜逃离洛阳，投奔邺城。

司马颙得知李含被杀的消息，大怒。于是立即起兵直扑洛阳，讨伐长沙王司马乂。而那边的司马颖，本来经过朝廷同意，发兵讨伐乱民张昌，可没过多久，张昌被别人灭了，司马颖就势也向洛阳杀来。

8 月，司马颙、司马颖联合上书朝廷，指控司马乂论功行赏时偏私不公，联合皇甫商、羊玄之谋杀忠臣，请皇帝定夺。司马乂立刻做出反应，指控两个亲王谋反，以皇帝的名义封自己为太尉，准备御驾亲征。

司马颙命将军张方率七万大军，出函谷关，向东直指洛阳；司马颖命陆机统领王粹、牵秀、石超率二十万将士，进逼朝歌，从西面直扑洛阳。

面对着左右夹击和内忧外困，司马衷准备御驾亲征。8 月 24 日那天，司马乂任命皇甫商率军一万，前去抵抗张方。只是 9 月 11 日，张方大胜皇甫商，司马衷一看张方这么能打，转头去对付司马颖。9月20日，司马颖抵达黄河南岸，安营扎寨。只过了两天，也就是22日，羊玄之被吓死。9月25日，朝廷军和成都军兵戎相见，朝廷军大败牵秀。

就在朝廷打了一个胜仗的时候，河间军的张方率军趁虚攻进洛阳，据记载，奸淫烧杀，大肆掠夺，数万平民惨遭屠杀。

张方在洛阳游荡数日后，带着一票战利品往长安撤，过后，司马衷返回洛阳城。以洛阳为依托，10月7日在城下，朝廷军又大败牵秀一阵，10月8日更是杀得陆机丢盔卸甲，尸体堆积如山，甚至将河水堵住。

司马颖率大军出战，结果却屡战屡败，原有的内部矛盾在这种情况下完全爆发。

此前陆机、陆云兄弟从洛阳来到邺城，卢志认为这哥俩都是难得的人才，于是推荐他们分别做郡守。这次出兵洛阳，司马颖竟命陆机为统帅，导致跟从司马颖多年的将领十分不满。陆机的好友孙惠就建议他把统帅的位置交给王粹，但陆机已受司马颖大恩。起初，司马颖所宠爱的宦官孟玖，打算推举他父亲做邯郸郡守，连卢志都不敢阻拦，孟玖这叫一个美，谁曾想，陆云出来劝阻，就这样，陆家和孟家算结下梁子了。这次出兵，孟玖的老弟孟超也跟着出征，统率一万人马，但孟超在上战场之前竟以迅雷不及掩耳之势，一马当先冲到民宅去抢劫。陆机听到消息，及时赶到给予阻止，并逮捕肇事士兵。孟超听说了，带着一百大兵，直闯统帅大营，不光是带走了被陆机逮捕的士兵，还辱骂统帅陆机。后来孟超在战斗中被人杀掉了，孟玖就怀疑是陆机在背后捣鬼，于是污蔑

陆机已有二心，牵秀等人又在一旁敲锣边，致使司马颖大怒，命牵秀前去逮捕并杀害陆机。

当时几乎所有人都知道陆机冤枉，也有不少人向司马颖进谏，说："现在敌我强弱差距太大，连傻子都知道我们一定能取胜，何况是陆机呢？陆机是南方人，被大王您委以重任，大家都很嫉妒。"这话到司马颖那就算犯忌了。

陆机就这样被处死了，然后陆云、陆耽、孙拯等人全部下狱。到这会儿众人才算从被打懵的境况里缓过神来，有的上书，有的当面陈述，纷纷为这三人求情，司马颖也显出了怜悯的表情。孟玖作为亲信宦官，经常在司马颖左右服侍，司马颖的心思了解得一清二楚。这时看见司马颖有宽恕他们的意思，赶紧命人迅速处决了陆家兄弟，并屠三族。只留了孙拯一人，孟玖准备从他嘴里套口供。

据记载，孟玖等人对孙拯的拷问不下百次，打的孙拯脚踝骨都露了出来，而孙拯就是咬定陆机冤枉。审讯官知道孙拯什么都不会说了，很无奈地对他说："你这是何必呢，这么不爱惜自己的身子。"孙拯仰天长叹："陆家兄弟是当世奇才，我受他们信任爱护，虽然不能救他们一命，但也不忍心诬陷他们呀。"

孟玖知道孙拯是不会屈服了，于是假造了一份口供。这时，司马颖也经常为杀了陆机而内疚，可当他看到这份假供词时，大喜过望，拉着孟玖的手说："要不是你的忠心，这种奸邪之辈怎么能被揪出来啊！"

司马颖亲自下令，屠杀孙拯三族。在孙拯临死前，他的学生费慈、宰意前去狱中为其伸冤。孙拯劝他们离开，说："我执着于正义，不辜负陆家兄弟，你们这是为何？"费慈、宰意拉着老师的手说："您不辜负陆家兄弟，我们怎么又能忍心辜负您呢！"于是费慈、宰意坚持为孙拯伸冤，结果不出所料，都被孟玖斩首了。

过程是丑陋的，结果是血腥的，但在这丑陋和血腥背后，仍让人看到了在这颠倒黑白的世道上，仍有一种纯洁是无法被罪恶抹掉的，哪怕它只剩下一丝一毫，但终究会带给人们希望。

司马颖受伤了，但仗还要打，可此时的司马颖真的有点衰，强大的军队屡次败在司马乂的手里。打到后来，司马乂都不把他当威胁，转而对付张方去了。

又是司马衷御驾亲征，张方手下一看是皇帝来了，立刻轰然而退，司马乂顺势掩杀，张方损失五千人左右。此时大家万分惶恐，纷纷建议撤兵，张方却坚决不同意。他对大家说："胜败乃兵家常事，优秀的将领是知道如何反败为胜的，现在敌人对我们轻视，不过皇帝御驾亲征，我们不可采取偷营，但趁着夜色，我们偷偷前进，建造工事，这样会大出敌人意料。"

等到司马乂回过神来已经是11月了，那时张方的工事已经建成，司马乂屡攻不下，于是决定采用外交手段，和司马颖谈判，对这两个起兵的亲王进行分化，可是谈判未果，仍继续打。

司马颖在东边忙着打仗攻城，张方在西边忙着破坏洛阳水源，这可苦了洛阳百姓，城中供水全部中断。司马乂被逼得没招了，发动王公大臣、家中男丁，只要满13岁的，全部参加战斗，女子也别闲着，都筹备军粮去。这时骠骑将军府主簿祖逖建议说："雍州刘沈忠义果敢，兵力

又可对抗司马颙。可以命刘沈出兵，牵制司马颙，这样张方就必须回援长安。"司马乂采纳建议，刘沈接到诏书后，集结七郡兵力，共计一万余人，杀向长安。同时，司马乂又令皇甫商携带诏书，秘密潜出城外，命令金城郡长游楷停止对皇甫重的攻击，并命皇甫重进军讨伐司马颙。可惜后来皇甫商被他的外甥出卖，遭司马颙斩首。

战事胶着，双方都十分疲惫，两个亲王此次算是把家底全掏出来了，但看似弱小的司马乂竟将东西夹击而来的两路大军拖了近半年之久，这其中也是有原因的。据记载，长沙王司马乂在最最艰苦的时候，对皇帝司马衷的礼数仍毫无懈怠。面对这么好的亲王，再苦再难，大家也要和他一起面对，虽然城中粮食日渐匮乏，可士卒毫无离心。反倒是成都王司马颖，号称二十万大军，面对洛阳城也是无可奈何，前后共折损六七万之多。大将张方认为洛阳城不可能在短时间内被攻陷，于是打算撤军。可就在这时，洛阳城风云突变。

正月25日，东海王司马越认为战争毫无取胜希望，率领禁军逮捕了司马乂，将其囚禁在金墉城。可当大家打开城门准备投降时，却被眼前的景象惊呆了。他们发现眼前的攻城部队同样十分疲惫，根本就不是自己的对手，于是大为后悔，又决定放出司马乂。

司马越听到这个消息大为惊恐，怕司马乂出来后找自己算账，于是打算先诛杀司马乂，断绝大家念头。这时，黄门侍郎潘滔对司马越说："用不着您下手，有人会替您收拾他的。"于是将已囚禁司马乂的消息秘密告诉给了张方，张方率军赶到金墉城，将司马乂带回自己营中，用火活活烧死了。据说当时城中将士和张方手下士兵见此场景，

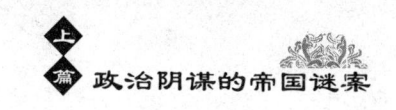

全部痛哭流涕。

随着司马乂的遇难，八王之乱中的第五王结束了，从公元302年12月诛杀司马冏，到公元304年元月被张方烧死，司马乂共掌权一年零两个月。

战斗过后，司马颖进了洛阳城，但没过多久又返回邺城。

皇帝司马衷下诏，任命司马颖为宰相，司马越代理尚书令。司马颖走时，留石超率领五万人把守洛阳十二门。禁军将士，司马颖讨厌的，全部诛杀，不讨厌的也全部调走，清一色换上了自己的亲信。

而张方那边，由于刘沈攻到长安，司马颙手下屡战屡败，便带着从洛阳掳掠来的奴仆婢女一万余人回援。走到途中，张方军粮食告紧，于是将一万人杀死后，和羊肉、马肉掺着食用。

刘沈渡过渭水，司马颙屡战屡败，刘沈命人突袭长安，五千将士勇猛异常，直打到司马颙帐下。但此时刘沈事先约定的援军迟迟不到，司马颙手下将领张辅见敌军无力支撑，于是率兵拦腰冲入敌阵，刘沈五千人马基本被全歼。入夜，张方率军偷袭刘沈大营，大获全胜。刘沈后被生擒。

司马颙当初可是留刘沈做自己的军师，对其十分看重，此时刘沈反叛，司马颙怒不可言。但刘沈颇为冷静的对司马颙说："知遇之恩轻，君臣之义重，我不能违背天子计较厉害，从起兵那天起，我就知道自己必死无疑，但即使被剁成肉酱，我也心甘情愿。"司马颙气的发狂，下令先鞭打，后腰斩。

就这样，司马颖和司马颙两人联手先解决掉了司马乂。

司马颙为何自毁长城

公元305年，刚过完新年就发生了两件事。

第一件是羊献容（晋惠帝皇后）又被张方给废了（第三次）。

第二件对司马颙来说绝对是利好消息，秦州的皇甫重被他的部下所杀，秦州就此归降。

司马颙当时驻守关中，坐镇长安，挟天子以号令天下。但此时的"天下"对晋王朝，或者说对司马颙来说，其实就是自己所管辖的少数几座城池，因为此时益州基本属于李雄，凉州基本属于张轨，幽州基本属于王浚，再往北还有个前赵政权。这是已经公开或半公开的，剩下的那些州郡，不是掌握在刺史手里，就是握在亲王手里，而这些刺史亲王们此时已经不听话了，比如说司马楙（máo），竟擅自将所辖的徐州让给司马越，然后再擅自宣布自己从此以后是兖州刺史，统领兖州军政要务，完全没了秩序。

当年7月，东海王司马越传令天下，号召勤王。东平王司马楙将徐州让给司马越，并自领兖州牧，和范阳王司马虓、幽州刺史王浚一道，起兵响应司马越，公推其为盟主，那些没有去长安的政府官员闻讯纷纷

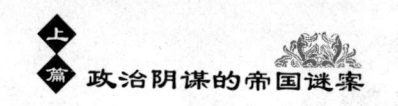

前往投靠。

与此同时，在黄河以北，由于最初有卢志等人的悉心辅佐，许多人对司马颖还怀有很深的感情。在此情况下，当初司马颖旧部公师藩自称将军，招兵买马，准备进攻邺城，迎回司马颖。虽然此路军后被范阳王司马虓部将苟晞击败，但作为响应勤王军的一支力量，从此正式活动在冀州大地。同时，在公师藩起兵之后，汲桑和石勒率数百人前去投靠，后赵皇帝石勒正式亮相。

司马越被推举为盟主后，自己率军三万，进军萧县。然后任命琅琊王司马睿监督徐州军事，驻防下邳；任命范阳王司马虓从许昌出发，进驻荥阳，并兼豫州刺史；改封原豫州刺史刘乔为冀州刺史。

刘乔的豫州刺史是朝廷封的，冀州刺史却是司马越封的，刘乔自从讨伐张昌以来，在豫州经营多年，当然不愿离开。此时司马虓任命刘琨为司马，司马越任命刘舆为颖川郡长，刘乔就借机上书朝廷，列举他俩的罪状，一面率军进攻许昌，一面派儿子刘佑驻防萧县。至此，司马越的三万大军就被拦在那里了。

当时正镇守荆州一带的刘弘，因为曾与刘乔一起剿灭张昌，私交不错，看见刘乔和司马越翻脸，赶紧给他们写信，可是谁也不理他。于是刘弘上书朝廷，将这两年朝中大事、功过得失统统数落个遍。其中一针见血地指出，中原如果再这么闹下去，最终哪怕不是亡于自己之手，也会被四方蛮夷趁虚而入、屠戮殆尽。刘弘的想法是美好的，但太过理想，他想让朝廷想办法，叫各方回家好好过日子，可现在谁听呀。当刘乔率军攻入许昌后，刘弘看出和解无望，又因为司马颙手下张方坏事做尽、

人神共愤，于是决定起兵响应勤王军。

东平王司马楙将徐州让给司马越，自己前往兖州任职后，由于横征暴敛，各郡县都无法支撑，于是司马虓派苟晞前去接替刺史的职位，改派司马楙为青州统领。司马楙拒不接受司马虓的指派，脱离了勤王军，与刘乔联手。

这边司马颙听说又有人造反，并且还来势汹汹，十分惊恐，后来听说勤王军分为两派，才稍稍安下心来。由于公师藩是打着迎回司马颖的旗号，于是司马颙就调拨1000人马，让卢志和司马颖一道返回邺城，安抚公师藩。再命吕朗驻防洛阳。

10月，司马衷下诏："刘舆兄弟，胁迫范阳王司马虓谋反，命刘弘（在刘乔攻陷许昌后，刘弘才声援勤王军）、司马释、刘准等人，率本部人马，同刘乔会合。命张方率十万大军与吕朗会合，在许昌会师，诛杀刘舆。"19日，司马颖命手下部将王阐、石超等人进军黄桥，声援刘乔。随后，平昌公司马模为声援勤王军，率军向黄桥杀来。

11月，洛阳留守将军周权起兵声援勤王军，率军迎回皇后羊献容（第三次复位），但没过多久周权就被洛阳县长何乔斩杀，第四次废黜羊献容。司马颙通过此事，发现只要羊献容活着，就有可能被别人利用，于是下令想要将其诛杀，后来被刘暾劝谏，让羊献容得以保命。

12月，吕朗向东挺进荥阳，司马颖则返回洛阳，至此双方摆开架势，准备开打。

首先出手的是司马虓。在出兵前，刘琨说服了冀州刺史温羡，将冀州让给了司马虓。司马虓再派刘琨到幽州向王浚请援，王浚将手下的突骑部队交给刘琨。刘琨就带着这支部队杀向黄桥，斩了王阐，接着渡过黄河，挺进荥阳，又斩了石超。刘乔见状赶紧后撤，刘琨又马不停蹄，跟督护田徽一起杀向司马楙，司马楙无奈，退回封国。刘琨继续东进，在谯县击斩刘祐。至此，司马越大军面前再无对手，王浚又派部将祁弘率乌桓、鲜卑军团赶来，充当司马越的先锋。

其实在刘乔被击败前，司马颙就已经很后悔了。他终于发现，所有的亲王，从司马伦到司马冏，再从司马颖到自己，没碰司马衷之前各个都风光无限，可只要碰到司马衷，不出一年，保准完蛋。他现在真想一觉起来，发现只是梦一场，但是这是不可能了。

就在司马颙一愁莫展时，缪播、缪胤的出现，让他再次看到了希望。

皇太弟宫中助理缪播是司马越的亲信，而缪播的堂弟缪胤，又是司马颙亡妻的弟弟。借着这层关系，在起兵时，司马越就派他们哥俩来到长安，劝说司马颙把惠帝送回洛阳，只要能做到这点，他司马越愿意和司马颙平分政权。司马颙向来敬重缪家兄弟，这会儿像抓到了救命稻草，有意接受司马越的建议。

张方听说此事，赶紧回来找司马颙，向他分析当前形式："我们手握重兵，国富民强，又有天子的名义发号施令，为什么要举起双手，受人控制呢。"司马颙一听也对，怎么说手下还有大将张方呢，于是拒绝了缪家兄弟送来的橄榄枝。其实，张方也不确定司马颙能必胜，而是知道自己坏事做的太多，怕放走皇帝后，自己首先会被诛杀。

没过两天，刘乔战败的消息就传到了长安，司马颙立刻懵了。勤王军竟如此生猛，看来自己是打不过他们了，此时司马颙希望能重启和谈，

但又怕张方反对。

于是，谈还是不谈，这个问题就开始困扰司马颙了。此时，他手下的参军毕垣察言观色，看着司马颙日渐憔悴，误以为他是在为杀不杀张方而烦恼，再加上自己与张方有仇，于是进谗言道："张方把军队驻扎在霸上，听说勤王军很强盛，就不敢前进了。有人说张方要谋反，他的亲信郅辅应该对此一清二楚。"司马颙初时不信——张方要谋反，不会吧。可当缪家兄弟听到毕垣的谗言时，赶紧找到司马颙，在一旁大敲锣边鼓："坏事都是张方做的，只要把他杀了，这些勤王军自然会自动解散的。"

司马颙以为如此也许能保全自己，于是赶紧传郅辅。郅辅赶到，毕垣先在门口拦住，对他说了个惊天的秘密："张方阴谋叛乱，有人说你知道这事，但没有汇报。"郅辅一听大惊："张方叛乱我不知道呀，这可如何是好。"毕垣道："好办，大王问的时候，你打马虎眼儿就行，如果你想解释，那只能是越描越黑。"

郅辅于是带着忐忑的心情觐见了司马颙。司马颙问他："张方叛乱，你可知道？"郅辅："啊？"司马颙又问："那我让你杀他，你可愿意？"郅辅："啊？"

就这样，郅辅带着司马颙给张方的信出发了。当年张方初到长安时，身无分文、穷困潦倒，靠着郅辅的资助，才度过了最困难的时期，后来张方发达了，两个人的感情还是亲密如初，因此，每次郅辅去找张方，佩刀是可以带在身上的。这次，郅辅就用这个机会，在张方看信时，从他背后给了一刀。

郅辅回去禀报司马颙，司马颙任命其为安定郡长，带着张方的人头，

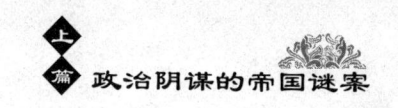

去找司马越和谈。可司马越却说：人头我收下了，和谈就算了。

于是勤王军拿着张方的人头，一路往前走。司马颙军团的主心骨是张方，而不是他司马颙，士兵们看见张方人头，纷纷投降。

战败的消息像雪崩般传来，司马颙彻底绝望了，他只能把郗辅砍了来发泄心头的怒气。

果然，祁弘带着鲜卑、乌桓军团一路高歌猛进，司马颙先后派兵仍不能阻止。5月7日，祁弘打败彭随、刁默，进入函谷关。之后进抵霸水，再破司马颙一阵，司马颙见大势已去，只好弃城逃往太白山。祁弘进入长安，手下鲜卑军团烧杀抢掠，两万无辜百姓死于非命。5月14日，护送司马衷东还。

公元306年6月1日，司马衷终于又回到了阔别八个月之久的洛阳。进城之后迎回羊献容，大赦天下。

五胡十六国：五胡乱华奇案

　　五胡十六国时期，由于北方与南方长期隔绝，胡人受汉文化影响相对较小，北方经济、文化发展缓慢，仍处于未开化的愚昧状态，这些吃人的记载大部分是真实的。后来很多关于饥荒和叛军流民吃人的记载正是由此而来。

太康时代之谜

　　既然要讲五胡乱华这段历史，就不得不讲讲那个熟悉而又陌生的朝代——西晋。

　　说它熟悉，还要多亏《三国演义》，由于这本家喻户晓、脍炙人口的名著，使得像司马懿、司马昭等人距离我们不再遥远，对于西晋如何一步步取得曹魏天下有了个基本的了解。甚至将西晋初年羊祜、杜预等名将与东吴的故事也进行了深入浅出的描述。

说它陌生，主要是由于这个曾经一统天下的王朝国祚虽长，然而统一的时日却非常之短，仅在武帝司马炎一朝苟延残喘一番，到了第二代皇帝惠帝司马衷，就爆发了著名的"八王之乱"。而之后的历史呢？俗话说："大乱后必有大治。"想必"八王之乱"在众人眼里算不得大乱，于是在"八王之乱"进入尾声之时，一个严重改变中国命运的乱世开始了，这就是接下来要给大家讲述的时代——五胡十六国！

如果问，开国之君中最英明神武的人是谁？想必大家都有各自心中的圣主。那如果问，谁是得天下最容易且当得最不好的王朝开国之君，那有个名字估计会浮上大家心头——晋武帝司马炎。

关于司马炎当皇帝之前的历史这里不再赘述，我们就来看看他当了皇帝以后的岁月。

司马炎当皇帝之后，对前朝的政令做了大量的修改，其中对后来历史发展影响最大的一是重新恢复西周的分封制；二是裁军。

这两个政令影响有多重大？我们从以后的历史发展上来看。

先说第一条，复古分封。具体怎么做呢？很简单，将27个姓司马的分封到全国各地，每人可以在自己的领地内掌控3000~5000人的军队，类似于周天子时下的诸侯。晋武帝为什么要恢复分封制？一般来说，是他从曹魏的灭亡中"吸取教训"，认为曹魏之所以"亡也忽焉"，就是没有什么宗室来捍卫政权，于是司马炎针对"前车之鉴"，选择了

恢复分封制。稍微了解西晋史的朋友都知道，引发五胡乱华的一个非常重要的原因就是"八王之乱"，这八王怎么来的，就由恢复分封制而来。

第二条，裁军。为什么要裁军？估计是司马炎认为天下已定，大批的军队已没有了用处，不如放回家里种田实在，于是刀枪入库、马放南山，整整30万大军就这么被裁了。裁军有没有作用？有，当然有，司马炎统治时期被称作"太康之治"，与这一决策关系很大。然后治只是暂时的，这条政策就像一瓶慢性毒药，总有它爆发的时候。让我们来看看当时晋朝的兵力，原有军队50万人，裁军30万人，还剩20万人，其中还有10万人在大大小小的诸侯王手中，布置各地城防等少说也得5万人，这样算来，偌大个晋王朝能直接控制的军队只有5万人。之后胡人为什么能在华夏大地上肆无忌惮，鲜有对手？倒不全是缺将，最主要的还是缺兵。

司马炎时代是个虚而假繁荣的时代，争相斗富是当时的时尚，典型的就是王恺和石崇。关于他们斗富的例子太多，这里只举一个例子：武帝送给王恺一盆珊瑚，王恺很高兴，宴请宾客来家里参观，宾客中当然包括石崇。正当他洋洋得意之时，竟然发现石崇将珊瑚给砸了，并不温不火地说：这东西我家多得是，你自己再去挑一盆。大臣们跟着到了石崇家里去，发现石崇家竟然有十来盆珊瑚。珊瑚在当时属于稀有物品，即便是皇帝也就只有两三盆。西晋之斗富由此可见一斑。

除此之外，士大夫之间乐此不疲的还有清谈。清谈是什么？就是两个人端个凳子坐在一起，探讨哲学、人生。可是，问题就在于讨论哲学的士大夫们只会清谈，正事不做，还以此为荣，这些人被称作"清官"。而那些死命干事的人，则被称之为"浊官"。西晋"清官"代表人物便是宰相王衍。

在那个时代，嚣张的不是立下赫赫武功的大将，也不是闻名天下的文豪，而是出身于高门士族的子弟。西晋或者说两晋就是中国由贵族阶级向寒门阶级的过渡期——士族阶级的产物。在这个时代，士族永远是时代的宠儿，基本上只要出身好，一定能当大官。"旧时王谢堂前燕，飞入寻常百姓家。"这句诗中的"王谢"便是其中的佼佼者——琅琊王氏和陈留谢氏，除此之外另一个来头很大的家族便是弘农杨氏。而当时选举官员的制度便是三国陈群提出的九品中正制，这些人出身好、仕途顺，虽然冒出了几个杰出的英雄，但大部分还是庸才。整个国家的高等官员便由这些人构成。

政治上的问题，虽然非常之愚昧，但并不是后人最为诟病的，司马炎被世人认为最白痴的一件事就是立储。

当时的太子是谁？他就是整个中华史上最有名的白痴皇帝——司马衷。司马衷白痴到什么程度？有个故事最让人津津乐道。

当时天灾连连，许多老百姓都吃不上饭，快要饿死了，有大臣向司马衷报告民间饥荒，司马衷答道："没有饭吃，为什么不喝肉粥？"

晋武帝应该也知道他这儿子智商有点问题，但又碍于嫡长子继承制的原则，于是出了份考卷让他作答，这可急坏了当时的太子妃贾氏，她知道，司马衷如果答不好可能会被废，那么她的皇后梦就破了，于是就

请位先生代写，可是一个太监看出了端倪，他对贾氏说："太子智商低不是什么秘密，如果交上一份这样的答卷，岂不是明摆着不是他自己所作吗？我看，还是写份既没什么水平，又刚刚合格的答卷，这样太子之位反而能保住。"于是贾氏直接让这个太监操笔，交了一份不怎么能登大雅之堂，却按部就班的答卷。晋武帝看后松了一口气，儿子虽然能力有限，但智商还算说得过去。

除了贾氏，帮司马衷稳住太子之位的还有一个重要的女性，就是她的母亲，皇后杨艳。为了保住自己将来皇太后的位置，杨后不遗余力地帮助儿子稳住太子之位，司马炎曾经征询过她的意见，她的回答可想而知："立嫡以长不以贤，岂可动乎？"关于太子妃的问题，当时她也和司马炎讨论过，司马炎中意的是卫瓘之女，而杨后听了贾氏母亲郭氏的花言巧语之后，力挺大臣贾充之女贾氏。司马炎又拗不过她，于是立贾氏当了太子妃。

让司马炎下定决心立司马衷为太子的还有一个原因，就是司马衷的儿子司马遹。司马遹和司马衷的情况，就好似千年之后明仁宗朱高炽和明宣宗朱瞻基的关系，当年朱棣在犹豫立谁为太子时，大文学家解缙就说了三个字"好圣孙"，一直不受父亲朱棣喜欢的朱高炽就因此当上了太子，登基十月后便又将位子让给了"好圣孙"朱瞻基。司马炎虽然活在他们之前，但这个想法也很相似。

但有一个人，让司马炎仍然感到不放心。《三国演义》最后关于司马昭选接班人时，简单介绍了这个人，他便是司马炎的弟弟司马攸。当

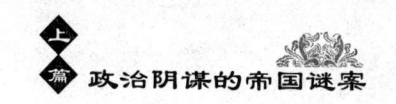

时的司马攸已经被司马炎封为齐王，想把他赶到青州去。这时，大臣张华、羊琇竭力挽留齐王，这种做法反而触怒了司马炎，司马攸在老百姓中间口碑本来就很不错，现在大臣又这么爱戴他，儿子能力不强，他会不会将来夺我儿子的王位？于是更加紧催促司马攸上路，司马攸不想去青州，又被死命的催，慢慢地憋出了病，离开洛阳的第二天便死去了。

五胡十六国的分裂

公元304年至公元439年（西晋永兴元年至北魏统一），南至今淮河，北至阴山，西至葱岭，东至海，东北至鸭绿江下游以北，西南至澜沧江以东，相继建立了十六个分裂割据政权。即西晋永兴年建立的成（巴氐）、汉（匈奴），西晋亡后建立的前赵（匈奴）、后赵（羯）、前凉（汉）、前燕（鲜卑）、前秦（氐）、后秦（羌）、后燕（鲜卑）、西秦（鲜卑）、后凉（氐）、北凉（匈奴）、南凉（鲜卑）、南燕（鲜卑）、西凉（汉）、夏（匈奴）、北燕（汉）。此外，有冉魏（汉）、西燕，但没有包括在内。汉和前赵算一国，史称十六国时期。而入主中原的五个主要部族即匈奴、羯、鲜卑、氐、羌，史称五胡。这段历史史称五胡十六国。

西晋时，秦、雍、并三州膏腴之地已为羌、氐、匈奴所聚居，羌族及杂胡居泾水及渭水下游以北，氐族居渭水中游两岸及下游南岸。匈奴族则居汾水中下游，羯族居蜀漳河上游。西晋的民族歧视及残酷的压迫和剥削引起了他们的反抗。

西晋门阀士族独占政权，排斥寒门士族和少数民族贵族，引起两者的强烈不满。"八王之乱"，王室兵戈相残，给各族人民带来极大灾难。

西晋的残忍腐朽暴露无遗，统治机构分崩离析，统治力量急剧削弱。这时匈奴诸部贵族密议"兴邦复业，此其时矣。"共推刘渊于公元304年举兵反晋，称汉王，建都左国城（今山西离石县东北）。刘渊字元海，幼习儒学，又久居洛阳，接触诸王、宰辅、名士。号称继承汉祚，立汉高祖以下三祖五宗神主祀之。王弥、石勒等亦领兵附之。公元308年即帝位，徙都平阳（今山西临汾市西南）。两次派兵攻洛阳，皆败。公元310年，刘聪继位。公元311年遣刘曜、王弥、石勒等攻陷洛阳，俘晋怀帝。公元316年又遣刘曜攻陷长安（今陕西西安市西北），俘晋愍（mǐn）帝，西晋灭亡。公元319年刘曜即帝位于长安，改国号为赵，改祭匈奴冒顿单于与刘渊，史称前赵。疆域北至朔州（今甘肃固原县）南至略阳（今甘肃天水市），西至抱罕（今甘肃临夏县东北），东至新安（今河南渑池县东）与后赵为界。公元329年灭于后赵石勒。

石勒，上党武乡羯族人，因饥寒曾被掠卖为奴，后聚18骑为盗，最后追随刘渊，屡立战功。公元311年攻灭王衍所率司马越军10余万，又与刘曜、王弥攻陷洛阳。随即火并王弥，南攻江、汉。纳谋士张宾计，以襄国（今河北邢台市）为据点，取幽、冀二州。公元319年称赵王，史称后赵。公元329年灭前赵，迫前凉称藩，统一了北方。疆域东至海，西至抱罕，北至阴山、渔阳（今北京市北），南以襄阳、合肥与东晋为界。

石勒立太学，培养羯族士人，提高羯族文化素质。实行九品官人法，招纳人士。"遣使循行州郡，核定户籍，劝课农桑"，"均百姓田租之半。"恢复和发展了生产。石虎继位后，徙都邺，公元350年为冉魏所

灭。冉闵建立魏国，都邺，史称冉魏。公元352年为前燕所灭。此后，中原为前燕和前秦所统治，凉州则一直为前凉所割据。

公元301年张轨任凉州刺史，平定州境，城姑臧（今甘肃武威市），守境安民。曾多次派军去保卫洛阳、长安。西晋亡后，仍奉西晋正朔，中原士民多避难于此。史称前凉。其孙张骏曾派杨宣领兵越流沙，伐龟兹、鄯善，后西域皆降。疆域东至黄河，西至葱岭，北至居延泽（今内蒙古额济纳旗境），南至南山（今甘肃祁连山）。公元376年为前秦所灭。

鲜卑慕容部经济文化较落后，原居辽河流域，在汉族封建生产方式影响下，逐渐封建化，先后徙居大棘城（今辽宁义县）、龙城（今辽宁朝阳市）、蓟（今北京市西南）。公元352年灭冉魏，称燕皇帝，徙都邺。史称前燕。疆域东至海，西至今山西离石、河南洛阳、南阳与前秦为界，北至今山西代县，南以淮河与东晋为界。东北至今鸭绿江下游以北。公元370年灭于前秦。此后，前秦统一了北方。

氐族苻洪原居略阳临渭（今甘肃秦安县）。后赵时，东徙枋头（今河南浚县西南淇门渡），为流民都督。后赵亡，其子苻建率众西归关中，称王，建都长安，国号秦，史称前秦。公元357年，苻坚即帝位，重用寒门士人王猛，改革政治，镇压豪强，发展生产，"田畴修辟，帑藏充实，典章法物靡不悉备。"他先后灭前燕、前凉、代国（鲜卑拓跋部），征服西域，统一了北方。后又取东晋梁、益二州。公元383年，苻坚大举南伐东晋，败于淝水，于是鲜卑慕容部、羌、杂胡及各地纷纷发生叛乱、割据。在西燕的猛烈攻击下，公元385年为后秦所灭。此后，中原为后燕、后秦所割据，凉州则为后凉割据。

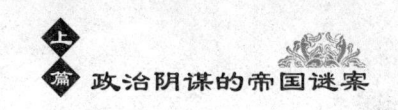

西燕，公元384年鲜卑慕容冲建，都阿城（今陕西长安市西北），慕容冲死后，慕容永徙都长子（今山西长子县西南），公元394年为后燕所灭。

后燕，公元384年鲜卑慕容垂建。都中山（今河北定县）。公元397年北魏攻占中山，慕容宝徙都龙城。公元407年慕容熙为冯跋所杀，国亡，冯跋立高云为帝，史称北燕。南燕，公元398年鲜卑慕容德建于滑台（今河南滑县东南），为北魏所逼，乃率众东取青州诸郡，都广固（今山东青州市西北）。公元410年灭于东晋。

后秦，公元384年羌酋姚苌叛苻坚建，都长安，公元394年姚兴继位。公元417年为东晋所灭。

夏，公元407年匈奴赫连勃勃建，都统万城（今陕西靖边县东北白城子）。公元417年东晋灭后秦。赫连勃勃击败晋兵，取长安。公元431年赫连定灭西秦之后，为吐谷浑所袭，国亡。

西秦，公元385年陇西鲜卑乞氏建，都金城（今甘肃兰州市西）。公元431年为夏所灭。

后凉，公元386年前秦大将氐人吕光自西域回师据凉州所建。疆域东起黄河，西至葱岭，南至祁连山，北至居延泽。公元403年灭于后秦。其西部为西凉，公元400年李暠建，建都于敦煌，后徙都酒泉（今甘肃酒泉市）。公元420年灭于北凉；其东部为南凉，公元397年河西鲜卑秃发氏建，建都于乐都（今青海乐都县）。公元414年灭于西秦。另一为北凉，公元397年临松卢水胡沮渠蒙逊建，都张掖（今甘肃张掖市西北），后徙都姑臧。公元439年灭于北魏。

十六国时期虽处于分裂时期，但对历史发展有着深远的影响。首先，它开创了少数民族入主中原的先例。其次，少数民族由被统治民族变为统治民族，其统治者（以及汉族谋士）如何正确处理民族矛盾和阶级矛盾，这是历史提出的新课题。有的一开始就解决得不好；有的开始还解决得好，实现了北方的统一，后来就不行了，其统治很快就崩溃，北方又陷入分裂状态。但他们的经验教训对历史影响也是巨大的。所以到北魏出现了孝文帝的改革。

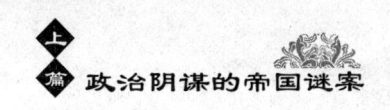

荒唐的北凉皇帝沮渠牧犍

沮渠牧犍自小就拜汉族儒生为师，深知臣藩之礼，继承父王的既定国策，同时敬畏南北两朝。向南朝刘宋进献的是农经、儒学、佛道等各类书籍154卷；并遵循其父"遗意"，向北朝进献他的妹妹兴平公主，被太武帝拓跋焘纳为右昭仪。牧犍希望通过结好使者和结亲来求得苟安。果然，北魏便加册他为"河西王"。南朝宋文帝也厚报其使，也加封他为"河西王"。

当初，沮渠牧犍跟随父亲沮渠蒙逊消灭西凉的时候，俘虏了西凉公主李敬受和她的母亲尹夫人。可惜她金枝玉叶，长在深宫，深受父母钟爱，只因为兄弟误国，白白断送了西凉的锦绣江山，成为被呼来唤去的阶下囚。沮渠蒙逊听说西凉公主生得天姿国色，就有纳娶之意。遂传令赦免西凉公主一家，并要公主进侍。李公主悲不自胜，却也不敢违令，只能到沮渠蒙逊处谢恩。沮渠蒙逊第三子沮渠牧犍上殿奏事，两人正好在殿外碰上，四目相对，款款深情，李敬受含悲带怨，别有春色。牧犍虽阅人无数，也惊为天人，深为她的姿色所倾倒着迷，便主动提出要娶她为妻。

沮渠蒙逊久等不至，便传令随从去催，在门口被沮渠牧犍拦下。沮渠牧犍急步上前，对沮渠蒙逊说："儿臣跟随父皇南征北战，一生别无他求，此番攻灭西凉，没有功劳也有苦劳。望父皇念儿臣已至盛年，而无人相伴之苦。只求把西凉公主赐予儿臣，吾愿足矣。万望父皇予以成全。"沮渠蒙逊一听，心里不爽但实在也不好拒绝，于是很不情愿地让沮渠牧犍娶了西凉公主为妻，西凉公主因此成了沮渠牧犍的王妃。

后来，当沮渠牧犍继承王位后，李公主便由王妃升为皇后了。这样，西凉公主李敬受就由亡国的公主变为敌国的皇后了，也算历史上的一个奇闻。

沮渠牧犍即位时，北凉的形势已不容乐观。北魏大势所迫，以秋风扫落叶之势，开始收拾五胡十六国的残局。西域诸国已改奉北魏为宗主，对北凉呈东西夹击之势，已经严重威胁到北凉的生存。为了不过早地成为砧上鱼肉，牧犍继续奉行臣属于北魏的政策，勤于进贡。北魏太武帝拓跋焘则另有打算，他为了控制河西走廊，保证往来西域的交通，需要安抚沮渠牧犍。因为那时北魏的主要对手是北方的柔然和东北的高句丽，便允许沮渠牧犍建"天子旌"。

为进一步巩固邦交，稳固后方，公元437年，北魏太武帝拓跋焘对大臣们说，他打算实行"如欲取之，必先与之"的麻痹敌人的策略，将妹妹武威公主嫁给沮渠牧犍，以稳信北凉。这种牺牲"小我"换取"大我"的举措，得到了大臣们的一致赞誉。当天，拓跋焘就把武威公主叫到跟前，向她详细分析了国内外大势和国家战略，说明了指派她到北凉去的用意。一是稳住沮渠牧犍，不让他轻举妄动，保证丝路的畅通；二

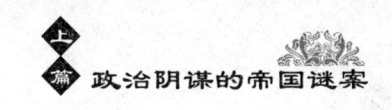

是全面了解北凉的国情和民意，为日后的伐凉做准备。

古代的女子，为国效力的机会并不多，似乎婚姻是唯一的形式了。武威公主表示同意。

武威公主嫁给北凉王沮渠牧犍后，沮渠牧犍便派右相宋繇携带国书，前往平城谢恩。因为北魏实在不可轻侮，他们不知道将来该怎么称呼武威公主，请教之语相当谦恭。

武威公主的到来，给李敬受皇后带来的悲伤和痛苦是巨大的。武威公主很快便取代了她，坐上北凉皇后的位置。

李敬受虽然是沮渠牧犍的发妻，但已是昔日的公主，国灭族散，失去了依靠，连宋繇这样的至亲重臣都无能为力，她还指望谁呢？武威公主这一边的砝码的重量，她是清楚的。李皇后理解沮渠牧犍的难处，北魏的态度，关乎北凉的生死。她必须得让位，为了取得主动，以免难堪，李皇后征得母亲尹夫人的同意，上书沮渠牧犍，辞皇后位。沮渠牧犍果然慑于权势，假惺惺地安慰几句，很快便封拓跋氏（武威公主）为正妻，即皇后位。沮渠牧犍还不算薄情，把李敬受安置于酒泉，这也是她们故国的首都啊！这是在残酷中，给予她们唯一的温情。同年年底，尹夫人和女儿辞别宫阙，一起搬到酒泉居住。

故国败亡，宫廷失意，旧宫倾圮，触景伤怀。李敬受心情郁闷异常，不久就凄惨地死去。

她的母亲尹夫人抚摸着她渐渐冰凉的尸体，却大悲无泪，不曾恸哭。

武威公主当上北凉的皇后以后，不改公主秉性，对国家大事又显得过于热心，想要快速完成她和亲的任务，这引起了沮渠氏人的非议。但

沮渠牧犍出于对大国的敬畏，对武威公主表面上还说得过去。时间一长，沮渠牧犍对武威公主就有些腻味了。毕竟武威公主姿色平平，又脾气火暴，仗着自己是大国的公主，也不把沮渠牧犍放在眼里。沮渠牧犍本就是猎艳高手，从前荒淫惯了，现在却要受武威公主节制，欲壑难填，哪受得了这口气。

拓跋焘虽然派武威公主到北凉去做卧底，但也未尝不想让他宠爱的妹子武威公主过上几年风光的皇后日子。却不料武威公主一入北凉就陷入了感情纠葛的漩涡之中，几乎遭到灭顶之灾。

沮渠牧犍不久就和自己妖艳的寡嫂李氏打得火热，这李氏天生妖娆，勾得牧犍魂魄出窍，不能自持。这还不算，他的几个兄弟沮渠无讳、沮渠安周等人也纷纷效仿，三个人轮流上阵，都和她相好。沮渠牧犍也不介意，甚至兄弟三人，公然和李氏作连床之戏。沮渠牧犍如此荒唐，自然冷落了武威公主。

武威公主觉察后，伤心万分，把沮渠牧健骂了个狗血喷头。武威公主还不解气，一定要让沮渠牧犍杀了李氏方肯罢休，但效果却适得其反。然而李氏也绝非善类，她因有沮渠牧犍兄弟撑腰，愈益跋扈，根本不把武威公主放在眼里，联合宗室势力挤兑她。

武威公主把李氏看作眼中钉，李氏也把武威公当作肉中刺，都欲拔之而后快，就看谁出手快了。李氏人缘比武威公主要好，在宫中又广泛结纳，根基深厚。为了能长期和沮渠牧犍厮混，她与沮渠牧犍的姐姐密谋，买通服侍武威公主的小宫女，在武威公主的饮食中投下杀人的毒药。企图毒死她，好以后清清静静地过剩下的快活日子。

如果按正常的食量，武威公主必死无疑。可那些日子武威公主为斗不过李氏而焦心烦躁，时刻盼望着北魏的使臣到来，好让娘家人来为她出气。因此，食欲不振，每次都是草草地撩拨几口，敷衍宫女。但毕竟药性奇毒，虽无性命之忧，但中毒的症状明显。呕吐不止，脸色蜡黄，口吐白沫，高热不退，始终沉睡不醒，双颊呈现病态的酡红。御医们急得团团转，沮渠牧犍虽然跟武威公主的感情淡薄，但也急得抓耳挠腮。他知道此事非同小可，公主的安危牵系着国家的命运。他迭声问太医："可还有救？"太医面色颓然，跪地叩首："请国主恕臣医术浅薄，臣只能救下她的命，因为王后中毒很深，恐怕以后要落下残疾。"

沮渠牧犍唯恐公主死去，这不是他对她有多少夫妻之情，他担忧的是自己，因为他不得不考虑公主背后强大的北魏王朝。

恰巧北魏的使臣李盖到来，得知公主中毒的病因，急发800里加急谍报。

武威公主中毒的消息传到平城（今山西大同）后，拓跋焘雷霆震怒，心急如焚。急忙派出最好的解毒医生，疾驰救治；与此同时，又勒令沮渠牧犍限期交出李氏。但这一次沮渠牧犍没有像以前那样，非常恭顺地对待北魏的命令，反而谴责北魏的霸权主义行径。说沮渠牧犍有骨气也行，耍赖也可，总之，他对拓跋焘的命令口吻非常反感，虽然惴惴，但强调这是国家的尊严。你拓跋焘是皇帝，我沮渠牧犍也是皇帝，国家无论大小强弱，一律平等；况且两国还是郎舅关系，更不应该用这样的通牒形式。但最主要的原因，恐怕是沮渠牧健实在舍不得艳嫂，所以始终不肯交出李氏。

武威公主终于在重兵护送下回到平城，虽捡回一命，但已形同废人。太后大哭，说嫁时还好好的一个人，两年时间，就只剩下了半个人了。说得拓跋焘顿起灭凉之心。

太武帝经过几年狂风扫落叶的力量，终于征服了东边的北燕，新降之地形势渐稳，高句丽也被赶到渤海以东去了，而且对剽悍的柔然始终保持战略优势。北魏又改革六镇，在边境加强六镇防御，招募精兵驻防，可谓是国势富强、兵锋正盛。广大的北方只剩下了最后一块绊脚石——处于卧榻之侧的北凉国了。拓跋焘踌躇满志，灭凉是既定的国家战略的一环，只是时间早晚而已。最终，北魏大军于公元439年围攻姑臧，沮渠牧犍出降，北凉亡。

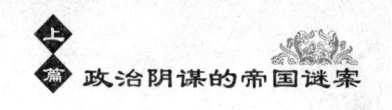

五胡十六国四大猛将秘闻

"八王之乱"结束之后,东海王司马越在击败了河间王之后,成为了最后的胜利者。司马越和他的几个弟弟高密王司马略、东嬴公司马腾、南阳王司马模并不是宗室近亲,因此当初他们在朝廷中的地位都不高、权力也不大。靠着弟弟们和王浚的帮忙,盟主司马越攻入长安,将晋惠帝接回了洛阳,独掌大权。

然而,公元307年,惠帝去世,时年48岁,相传被东海王司马越毒死。在朝臣们的猜测中,司马越拥立了惠帝的弟弟司马炽,是为晋怀帝。这个二十多岁的皇帝天姿聪慧,喜爱政事,隐隐然有晋武帝之风。然而此时的晋室江山已是分崩离析,叛乱频生,非人力所能挽救的了。南方和四川暂且不论,单就中原腹地来说,除刘渊盘踞山西外,山东有王弥、河北有汲桑,攻城掠地,连新到任不久的司马腾都丢了命,邺城旧宫也被大火烧了个干净。

不过,对西晋是坏事,对刘渊的汉政权却是好事。刘渊利用机会,向南发展得很顺利。当时中原的老百姓们,面对频繁的战争和寇盗,为求自保建立了许多土筑或石筑的小城寨,称作坞堡或壁垒。刘渊的势力

扩张到平阳、河东后，这两郡境内的坞堡主都纷纷投降。

永嘉元年，刘渊将都城迁到了蒲子。同年，几个人的到来将彻底改变刘汉政权的国运。第一个来投的人，是刘渊的老朋友王弥。

王弥，东莱（今烟台一带）人。江湖人称"飞豹"。

人生中，大多数人都喜欢平平安安地过日子，可有的人却偏偏喜欢过冒险的生活。王弥就是这样的人。他祖上世代做大官，家庭条件好，自己又受过良好的教育，如果王弥想走和父辈一样的道路应该是不难的事情。然而王弥青年时代游学于京都时，有一隐者见到他后说道："君豺声豹视，好乱乐祸，若天下骚扰，你就不会去做士大夫了。"

豺声，不是王弥说话像豺嚎，而是说他的声音显示出了残忍暴戾的性格（史上豺声者还有秦始皇、王世充）；豹视，也不是说他眼睛像豹，而是比喻他目光凶狠。

也就是王弥在洛阳的日子里，他结识了时为匈奴侍子的刘渊。

惠帝末年，天下大乱，山东县令刘伯根起来造反。"好乱乐祸"的王弥自然不肯放过这个机会，当即带着家丁投奔了造反队伍。刘伯根让他担任长史（将军或刺史的副手）。

中国古代造反有个规律，那就是最先揭竿而起的人一般都活不到最后。这位刘伯根也是一样，起事没几天，就被人杀了。王弥只好逃进山里选择了做山贼。在这段时间，王弥充分展示了他在当强盗方面的天赋。大家都发现，王弥不但弓马娴熟、力气过人，而且有勇有谋，出去抢劫之前，一定要策划好各种方案，抢劫不成功怎么办，遇到官府怎么办等，所以能够算无遗策，从来不走空。于是"飞豹"这一诨名就越叫

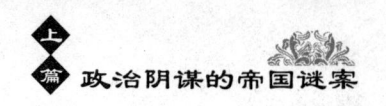

越响了。

在"飞豹"王弥的率领下,强盗队伍越做越大,杀了东莱太守,寇掠青、徐二州。直到遇见兖州刺史苟晞,他们才发现,强盗毕竟只是强盗,遇到有点战斗力的官军还是打不过的。于是王弥大败,退回到山里,此时他听说老朋友刘渊混得不错,就遣使请求归附。

刘渊念及旧情,立刻拜王弥为镇东大将军、青州刺史、东莱郡公。从此,王弥一部成为汉政权的一支偏师,主要在山东、河南一带攻略。

紧接着来的,是两个胡人酋长。一个是上郡四部鲜卑的首领陆逐延,一个是氐族大单于单征。这两人虽然不是什么重要人物,但他们带来的大批部众可都是精兵强将。

快到年底的时候,又来了一位。他既不是刘渊的老朋友,也没带来什么部众。

他的名字叫石勒。刘渊发现,此人没什么文化,连字都不认识,可是胸中却别有丘壑;他没有一兵一卒,却隐然有铁骑铿锵的气质。刘渊认为这是个将才,于是任命他为辅汉将军、平晋王。听上去很威风,但其实这官并不大,辅汉将军若按西晋官品则只是八品,比王弥的镇东大将军差了不知多远;至于平晋王,跟山大王差不了多少。

这时距晋阳不远的乐平,有数千乌桓人占据着堡寨,刘渊几次招他们归附都没成功。新人石勒自告奋勇,愿去招抚。不久,石勒果然带着几千部众回来了。刘渊没有问他是怎么做到的,他只知道自己的确得到了一位骁将。于是加封石勒为督山东(太行山以东)诛讨诸军事,统领这些部众。

于是在这一年，刘渊拥有了王弥、石勒这两位不可多得的将领。还有两位猛将，则是刘渊自己的儿子刘聪和养子刘曜。

刘聪，字玄明，是刘渊的第四子。

正如他父亲刘渊的出生一样，刘聪的降生也有着类似的神话：据说当初刘聪还未出生时，母亲张氏梦到太阳钻到自己的肚子里去，醒来后告诉了刘渊。刘渊道："此是吉象，不要告诉别人。"刘渊孕育了十三个月，儿子比父亲强，刘聪在娘腹中待满十五个月才来到世间，而且出生时到处都有白光。

刘聪自幼聪悟好学，博士朱纪大奇之。年方十四，刘聪就已精通经史，兼综百家。而且写得一手好书法，做得一纸好文章。到了15岁，受到父亲思想的影响，开始习武，能弯弓三百斤，膂力骁捷，冠绝一时。太原王浑见到他，感慨地对刘渊道："此儿前途不可限量啊！"

由于刘渊在洛阳当人质，刘聪从小就在京城闯荡，也结交了不少所谓名士。从低级军官做起，逐渐升到匈奴右部都尉。刘渊跟成都王颖在邺城的时候，刘聪担心父亲遇到不测，前去探望。等到刘渊当了大单于，就封他为鹿蠡王。

第四名猛将便是刘曜，刘曜是刘渊族兄的儿子，从小父母双亡，被刘渊抚养。8岁的时候，跟刘渊一块上山打猎，不巧下起雨来，众人就到树下避雨。突然一声巨雷在树顶炸响，就连大人都吓得扑倒在地，唯有8岁的刘曜泰然自若。刘渊感到十分惊奇，道："这孩子乃我家千里驹也！"在学习方面，刘曜也是能文能武，尤其是他力气大、射术高，"铁厚一寸，射而洞之，于时号为神射。"而且刘曜十分喜欢兵书，常常

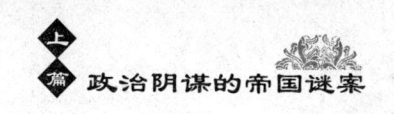

暗自读诵，读多了以后就瞧不起吴、邓（吴汉和邓禹，皆为光武帝刘秀手下将军），而自比为乐毅、萧曹（萧何、曹参）。跟他从小玩到大的刘聪常说："永明（刘曜字）乃是刘秀、曹操一般的人物，萧曹诸公何足道哉！"

刘曜堪称东晋十六国第一人的原因就是——他的身高。若史料无误，刘曜身长九尺三寸，同时代史书中再也找不到比他更高的人。而且，刘曜的相貌是很怪的。他和刘聪少年时跑到洛阳去玩，结果犯了法，跑到朝鲜避难。当时的朝鲜是晋朝的领土，朝鲜令崔岳收容了他，给他吃的穿的，还供他念书。后来天下大赦，刘曜回来的时候，考虑到自己身高相貌卓尔不群，恐怕难以被世人所容，就跑到管涔山（在吕梁山中）去过隐居生活。每天弹弹琴、看看书，享受大自然。一天晚上，突然有两个小童进房跪倒，道："管涔王派小臣谒见赵国皇帝，特献上宝剑一口。"说完将宝剑放在地上就走了。刘曜拿起宝剑举烛观看，只见宝剑长两尺，以赤玉为鞘，拔出来寒光闪闪，剑背上刻有铭文"神剑御，除众毒"。从此刘曜便将宝剑佩带在身上。

刘渊起兵后，刘曜结束了隐居生涯，效命于军中，官拜建武将军。

刘聪、刘曜、王弥、石勒为刘渊手下四大猛将，四人纵横捭阖、折冲千里，为汉赵帝国的建立立下了汗马功劳。

刘渊称帝之谜

精兵强将在手的刘渊不再满足于数郡之地。公元308年春,刘渊派抚军将军刘聪等十将南据太行,辅汉将军石勒等十将东下赵、魏。

太行山是我国地形第二、三级阶梯的分界线,它横亘在山西与河北、河南中间,将黄土高原与华北平原分隔开来。太行山脉中受河谷切割形成的通道称之为陉,古有"太行八陉"之说。八陉之中,位于今河南沁阳西北的太行陉乃是连接上党郡与河内郡之间的关键孔道,由此南下,可以直抵黄河南岸的成皋关(即虎牢关)。刘聪率军盘据太行陉而出,三月份就攻取了顿丘、河内之地。这样,刘渊的势力范围就与洛阳隔河相望了。

与此同时,东出的石勒大军也穿越太行山,攻略河北诸地。由于周围强敌环伺,石勒的进攻并不顺利,他在进攻常山(今石家庄一带)的时候被王浚击败。而山东的王弥趁晋朝顾此失彼的时机收聚亡散,使队伍迅速壮大起来。他分遣诸将寇掠青、徐、兖、豫四州,攻县城、杀守令、开府库、取兵甲,迅速聚集了数万人马。连调任青州的"屠霸"苟晞都拿他没办法。四月,王弥攻下许昌,五月,一鼓作气杀奔

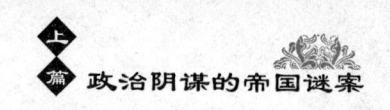

洛阳。

时镇鄄城的东海王连忙派出五千甲士入卫京师，远在姑臧的张轨派大将北宫纯率凉州兵千里赴援。王弥从轘辕关（今登封西北）而入，败官军于伊水北岸。京师大震，城门昼闭。五月十九，王弥带兵抵达洛阳城下，屯于津阳门外。二十多年后，王弥又回来了。这时望着洛阳城南高墙的王弥已不是当初潇洒的游侠少年，而是久经沙场的战将了。

王弥很想杀进城去，可惜这次他没有做到。21日战事打响，关键时刻，凉州将带着一百多名敢死队员玩儿命突阵，王弥军大败。次日，王弥放火焚烧建春门后向东逃窜，城内追兵杀出，又败王弥于七里涧。

损失惨重的王弥又想起了老朋友刘渊。这次他没有再派使者，而是自己带着残军渡过黄河到平阳投奔了刘渊。刘渊闻报后大悦，遣重臣到郊外迎接，告诉王弥说："将军你建下不世之功，孤早就盼着你来了。孤将亲赴你的馆驿，为你安排酒席洗净酒杯，敬待你的到来。"

你也许会感到奇怪，王弥不是打了个大败仗吗，何谈"不世之功"？王弥进攻洛阳的举动是一次赌徒式的冒险，失败了无可厚非。但他寇掠四州，第一次为汉政权在太行山东侧打开了局面，而且对洛阳的进攻也让刘渊摸清了晋朝都城的虚实，为之后的战略计划提供了重要参考。

刘渊此时已贵为汉王、大单于。于是王弥不失时机地劝刘渊尊号称帝。刘渊忙将王弥扶起，道："孤本来以为将军是窦融一般的人物，今日所见，将军真是孤的孔明、仲华呀！正如当年刘玄德之言，吾有将军，如鱼得水啊！"

王弥败走后，洛阳城内的权贵们总算是松了一口气。朝廷见远来的凉州兵可用，立刻调到前线去打刘聪，在河东将其击败。一时之间，京师百姓仿佛见到了救星，编起了歌谣唱到："凉州大马，横行天下。"这一来，刘渊不高兴了。儿子不行，我就亲自出马。于是王驾亲征，击败平阳、河东两郡太守，将整个山西南部都纳入了囊中。

与此同时，石勒在河北连败晋征北将军和郁及魏郡太守王粹。

眼见形势大好，刘宣等汉国朝臣们也纷纷学起王弥，上表劝进。刘渊也就顺水推舟，于公元308年称帝于蒲子。

对于刘渊的称帝，晋阳的刘琨送来了贺礼：派上党太守刘惇率鲜卑兵攻占了壶关。壶关是太行山中段连接冀、并二州的门户，这一来就等于切断了刘渊与石勒之间的联系。

第二年正月初一，史书记载，荧惑犯紫微。

那时候人们认为，天道与人事是相应的，任何一种天相的变化都预示着人间的吉凶祸福，而人间的种种大事也会影响到上天。荧惑指的是火星，一般预示着战争和不祥，而紫微指的是北极星，乃是帝王之象。这一次的天相是荧惑犯紫微，也就是火星运行到了北极星附近。晋朝和汉国的太史令都观测到了这一异常现象，急忙沐浴更衣、焚香卜卦。晋朝太史令的答案是："当有野死之王，又为火烧宫。"光从字面意思看就知道是大凶，于是建议晋怀帝迁都，否则洛阳必失。汉国的太史令鲜于修之的答案则是："不出三年，必克洛阳。"于是也建议刘渊迁都，从蒲子这个穷山沟搬到位于汾河谷地的平阳去。刘渊表示同意，遂迁都于平阳。

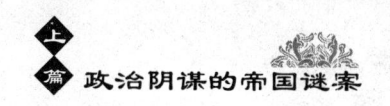

至于洛阳的晋怀帝想不想迁都我们不知道，就算他想迁也不可能，因为这事他说了不算，得看东海王司马越的脸色才行。而此时的司马越由于怀疑朝中有人不利于己，气势汹汹地带着兵回到洛阳，入宫展开了一次大清洗。接着，他又觉得以前朝廷里之所以政变频生，是因为禁卫军官老是掺合进来的缘故，就罢免了宫中全部有侯爵爵位的军官，而用东海国兵取而代之。他没有想到，这一举动竟然帮了刘渊大忙。

禁卫军官里有一人名叫朱诞，因为平白无故被罢了官不满，就投奔了刘渊，把洛阳城里的强弱虚实军事机密统统抖了出来。刘渊笑纳之后，当即派他为前锋，引导大都督刘景发兵进犯。先是攻克了黎阳（今河南浚县），又败晋军于延津。在这一战中，刘景居然将俘获的百姓三万余口沉于黄河。刘渊听说后大怒，道："做出这种事，刘景有何脸面再来见我！且上天又岂能容他！我所想诛除的只是司马氏罢了，小民又有何罪！"于是贬了刘景的官。这件事足可说明，刘渊是一位懂得争取民心的君主。

但战争并不会因死人而停止。当刘景这一路军正在扫清黄河北岸晋军据点的时候，刘聪、王弥所率的另一路军正在围攻壶关。并州刺史刘琨急遣援兵相救，却被刘聪围城攻打，把援兵给灭掉了。壶关若失，刘琨和晋廷之间就将被分割开来，所以司马越也从洛阳发来了数万援兵。这路人马由王旷、施融率领。渡过黄河后，王旷欲挥师急进，施融却拦阻到："敌人占据有利地形，出没无常。我军虽然有数万之众，却是一军独受敌也。不如以河为固稳住阵脚，观察好形势后再进一步行动。"王

旷否定，施融受了训斥，只好暗自叹息道："对手善于用兵，王旷却不明白战场局势，这下我们死定了。"果然不出所料，晋军在进入太行山区后，在长平与刘聪军相遇。在这个当年秦将白起坑杀了赵国劲卒四十万的地方，再一次增添了大批晋军将士的累累白骨，王旷、施融皆战死。

上党太守刘惇见援兵再也等不到了，便献壶关投降。至此，黄河以北再无屏障。

五胡乱华吃人奇案

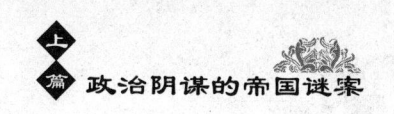

历史上曾出现"吃人"最黑暗的一幕——五胡乱华时代，中国人的千年恶梦，里面到处都是吃人的记录。

华夏族以前主要在黄河两岸活动，秦始皇统一了中国，也统一了文字，南方的楚人、越人等也加入了华夏族的大家庭。在汉朝，实行了民族大团结政策，凡是使用汉语和承认汉王朝的都称为汉人。但在北方，还是活动着多个游牧民族，我们称之为"胡人"，其中最有威胁的就是匈奴。汉朝曾多次采取和亲政策安抚，长城也是因它而建。公元316年，司马氏篡夺曹魏建立的西晋王朝在经历"八王之乱"后，国力损失惨重，虚弱不堪，又是匈奴人率先造反。北方和西域各族势力也趁天下大乱之机入侵中原，大肆的屠虐汉民，视汉人不如犬狗，史书上记载"北地沧凉，衣冠南迁，胡狄遍地，汉家子弟几欲被数屠殆尽。"

这些来自蛮荒之域的野蛮胡族还保留着原始的生活习性，其中以羯族、白匈奴、鲜卑族三族最为凶恶。

公元304年，慕容鲜卑大掠中原，抢劫了无数财富，还掳掠了数万名汉族少女。回师途中大肆奸淫，同时把这些汉族少女充作军粮，宰杀

烹食。走到河北易水时，吃的只剩下 8000 名少女了，慕容鲜卑一时吃不掉，又不想放掉，于是将 8000 名少女全部淹死，易水为之断流。

氐族人建立的前秦差一点就统一了中国，其国王苻登打仗时后勤供应不上，就收集尸体给军队当粮食，还美其名曰"熟食"，对手下说："你们不用担心粮食跟不上，上午出去打仗，下午就有'熟食'吃，保证行军打仗都有力气。"

至于羯族就简直可以称之为"食人恶魔"了。

史书记载羯族军队行军作战从不携带粮草，专门掳掠汉族女子作为军粮，羯族称之为"双脚羊"，意思是用两只脚走路像绵羊一样驱赶的性奴隶和牲畜，夜间供士兵们奸淫，白天则宰杀烹食。

在羯族建立的羯赵政权统治下，曾经建立了雄秦盛汉的汉民族已经到了灭族的边缘。

到冉闵灭羯赵的时候，中原汉人大概只剩下 400 万（西晋人口 2000 万），冉闵解放邺都后，一次解救被掳掠的汉族女子就达 20 万。

这些汉族女子是被羯族人当作"双脚羊"来饲养的家畜，随时随地被奸淫，也可能随时随地被宰杀烹食。有 5 万多少女这时虽被解放，但也无家可归，被冉闵收留。后来冉闵被慕容鲜卑击败，邺城被占。这 5 万名少女又全部落入食人恶魔慕容鲜卑的手中。慕容鲜卑奸淫污辱，又把这 5 万名刚刚脱离羯族魔爪的可怜少女充作军粮。一个冬天就吃了个干净。邺城城外这 5 万名少女的碎骨残骸堆成了小山。

五胡乱华时代的中原地区，是汉族的人间地狱，胡族的兽欲天堂。

然而，压迫越紧，反抗也越强。农耕的汉人历来就不会打仗，但历史前进到了这里，北方的汉人也变得很凶悍了，胡人施加给汉人的，总有汉人会双倍来索还，这个汉人就是今天几乎不为人知的雄奇人物：五胡乱华时代的战神——冉闵皇帝——中国历史上最伟大的民族英雄，也有人称之为杀人大魔头。

公元 349 年，羯赵皇帝石虎死后，其子十余人互相残杀。公元 350 年正月，石闵宣布复姓冉闵，杀死羯赵皇帝石鉴，同时杀死石虎的 38 个孙子，尽灭石氏，一举灭掉了残暴不可一世的羯赵帝国。其后冉闵即皇帝位，年号永兴，国号大魏，史称冉魏。

他下令邺都城门大开，凡"六夷"(匈奴、鲜卑、羯、氐、羌、巴氐)"与官同心者住，不同心者任所之"。一夜之间，方圆几百里的汉人，扶老携幼，全往邺城里面涌；而一直以邺城为驻地的羯胡及六夷外族，推车挑担，拼命往外跑。

冉闵意识到这些胡族终究"非我族类，其心必异"，始终是中原战乱不绝的祸根，便颁下中国历史上著名的《杀胡令》："凡内外六夷胡人，敢持兵仗者斩，汉人斩一胡人首级送凤阳门者，文官进位三等，武职悉拜东门"。

诸胡乱中华时，北方汉人被屠杀得只留下四五百万，最主要的凶手源于东欧高加索山到黑海草原地区的白种羯族。冉闵灭羯赵，歼灭三十多万羯族为主的胡兵。冉闵后来在邺城屠杀羯族二十几万，羯族与匈奴在血腥的民族报复中被基本杀绝。

公元 352 年，冉闵独自带领 1 万人马去今天的河北定州征粮。冉闵是战神，但他碰上了一个更了不起的鲜卑人慕容恪，也就是金庸小说天

龙八部中慕容复的祖宗,斩冉闵于遏陉山。史书记载,冉闵死后:"山左右七里草木悉枯,蝗虫大起,从五月到十二月,天上滴雨未降。慕容俊大惊,派人前往祭祀,追封冉闵为武悼天王,当日天降大雪,过人双膝"。

冉闵就义后,冉魏国的臣子绝望至极,悲天呼地,纷纷守节自缢,少部分逃往东晋,无一人投降前燕。冉魏几十万汉人不甘受辱,纷纷逃向江南,投奔东晋。东晋军未能及时接应,使得几十万百姓中途受到鲜卑大军追击、屠杀,死亡殆尽。晋将自杀谢罪。

由于冉魏王朝时间很短,大臣多自杀殉国,没有人给冉闵写书立传。后来统治北方几百年的鲜卑族的北魏史学家污蔑、诋毁、辱骂汉族人的民族英雄冉闵,而后代又缺乏资料,只能根据以前遗留的资料来整理。

现在的历史文献对五胡乱华绝口不提,只是笼统地称为两晋南北朝,历史界只承认胡族在北方建立的十六国,却不承认汉族人建立的四个政权,其中就包括冉魏政权,不承认冉闵的皇帝身份,理由是起兵反叛羯赵的冉闵是谋反篡位。

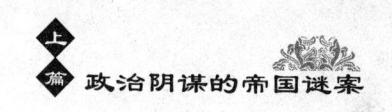

桓温专政：政治阴谋下的王室疑案

桓温并非没有改朝换代的能力，但是他最终还是隐忍不发，换来的却是嘲讽与恶语相加，想来他生前也是一语成谶，成为了"遗臭万年"的大英雄。

从郗超到桓温的政治谜团

东晋门阀，以琅琊王氏、颍川庾氏、谯国桓氏、陈郡谢氏、太原王氏为第一流。他们不但掌控了国家中枢，而且影响到整个东晋的政局。"王与马共天下"，实际上也是"庾与马共天下"、"桓与马共天下"、"谢与马共天下"。与以上五家的世代豪族相比，高平的郗氏，尤其是南渡的郗鉴，并非纯粹的大族。他的主要身份，是与祖逖、苏峻等人类似

的流民帅。流民对于东晋王室而言，一直是可用而时刻提防的对象。郗鉴能够以流民帅的身份而参与政事，并非易事。

郗鉴其人，中正平和，给人的印象既是长者，又是智者。既长于保身，又能在风浪中审时度势，力挽狂澜。因此虽然高平郗氏并非五大世族之一，但是依然能够得到后人的认可。与之相比，他的晚辈分别继承了他的各个方面，倒是非常有意思的事情。

《世说新语·俭啬第二十九》：郗愔什么都好，就是贪婪，总是大肆搜刮钱财，有钱数千万，郗超心中很不以为然。有一天早晨，郗超去给父亲请安，郗家的礼法，在长辈面前，晚辈不能坐着，郗超就站着说了很久的话，并有意把话题引到了钱财上来。郗愔说："你只不过想得到我的钱财罢了！"于是打开钱库一天，让郗超任意使用。郗愔如此大方，原以为郗超顶多只能用掉几百万而已，却没有想到他会在一天时间里把钱库里的钱全部分给亲戚朋友。郗愔既吃惊又生气。

《世说新语·捷悟第十一》：公元369年春，东晋的徐、兖二州刺史郗愔给大司马桓温去了一封公函，表示要与桓温共同辅佐王室，并请求率领自己的部队渡河北上，讨伐前燕，收复失地。郗愔写这封信，是因为不久前收到了朝廷的命令，要他与桓温一道进行北伐战争，而邀请他参加北伐的正是桓温本人。郗愔对东晋王朝忠心耿耿，接到命令后心情特别激动，以为为国立功的机会到了，于是动情地写了这封信。幸好郗超先看到这封信，他气得当即把信撕得粉碎，然后提笔代父亲写了一封信给桓温。信中说自己不是将帅之才，不能胜任军旅重任，而且年老多病，请求找一个悠闲的地方休养，并劝说桓温统领自己的部队。桓温见信,大喜过望,当即调任郗愔为冠军将军、会稽内史,自己则当仁不让地兼任徐、兖二州刺史。自此,东晋的荆、扬两个重镇,全由桓温一人兼任,他一人掌握了长江上下游的全部事权。

另,《晋书》:太元二年(公元 377 年)十二月,郗超去世。当初,郗超与桓温结为同盟,没让父亲知道。等到他病重以后,拿出一箱子书信交给门下的弟子,说:"家父年事已高,我死之后,如果他过度悲伤,请把这个箱子呈交给他,如果不是这样的话,就请把它烧掉。"郗超死后,郗愔果然因悲痛惋惜而患病,弟子把郗超的箱子呈送给他,里面全是郗超与桓温商议密谋的往返书信。郗愔勃然大怒,说:"郗超死得已经太晚了!"于是再也不为他悲痛流泪了。

郗超绝对是中国历史上被低估的天才。他的反应敏捷与聪慧,是常人所难以估量的。他既有胸怀,又豁达善良,更有着建功立业的大智慧。比他那个虽然忠诚,但是糊涂怯懦又爱财如命的父亲强了不知道多少倍。

又如:《世说新语·识鉴第七》:前秦苻坚图谋东晋天下,已经吞并了梁、岐一带,又虎视耽耽地想攻占淮水以南地区。当时朝廷决定派谢玄北上讨伐苻坚,人们对这一决定意见很不一致。只有郗超说:"此事一定能成功。我曾和谢玄在桓府中共事,发现他用人能人尽其才,即使在极小的事情上,也能委任得当。从这些事来推断,估计一定能建立功勋。"谢玄大功告成后,人们都赞叹郗超有先见之明,更敬重他虽然与谢玄关系不好,却能不因个人爱憎而贬低别人的才能。

《世说新语·排调第二十五》:太和二年(公元 367 年)九月,东晋朝廷任命郗愔为徐、兖、青、幽四州军事都督、平北将军、徐州刺史。

郗愔的外甥、黄门侍郎王徽之到郗家祝贺，说："应变将略，非其所长。"郗愔的次子郗融对哥哥郗超说："老人家今天拜官，王徽之说的话太不恭敬了，实在难以容忍。"郗超说："这是陈寿对诸葛亮所作的评语，人家把你家的人都比作诸葛武亮了，还有什么可说的！"据陈寿著《三国志·诸葛亮传》载："可谓识治之良才，管萧之亚匹矣。然连年动众，未能成功，盖应变将略，非其所长欤！"这就是王徽之用来评论郗愔的两句话的出处。王徽之对他的舅舅郗愔有些瞧不起，他想表达的意思确实是随机应变的用兵策略不是郗愔的擅长。可惜他忘了自己所引用的两句话，竟是出自陈寿对诸葛亮的评语，结果被他的表兄弟郗超所利用了。郗超的聪明，可见一斑。

郗超虽然聪明能干，但是却背负了一个沉重的罪名，那就是和桓温一起"谋逆"。因此在后代的史书里，似乎对郗超的聪明赞赏有加，但是对他的品德是有所怀疑的。当然，这势必牵涉到对桓温的品评。桓温在整个魏晋南北朝时期，是个非常有作为的大人物。他在很多方面都像其前的魏武帝曹操，以及其后的宋武帝刘裕。如果他当年真的"谋逆"成功，或许中国历史上会出现楚武帝桓温。然而可惜的是，桓温的这一梦想并没有实现。

事实上桓温这个人的复杂性，往往会遮住他身后的很多深刻内涵。桓温大概是如曹操一样的"治世之能臣，乱世之奸雄"。如果给他一个好的环境、一个稳定的国内政局，他不但能够跨过灞水，收复长安，而且能光复中原。但是一方面他要面对国内的士族门阀，另一方面又苦于北方的胡羯氐羌，使得他蓟灭成汉、三次北伐都变得阴暗不堪。这其实是

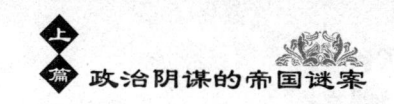

历史造就的一个悲剧，桓温只是在苦苦挣扎而已。

桓温的六世祖是因参与曹爽集团而被诛杀的桓范。桓范是一个正人君子和智勇之士。然而因为反对司马氏的政变，桓氏却不得不隐姓埋名，这就使得后来南渡的桓彝，被先天的世家大族所蔑视。桓彝不得不掩饰内心的痛苦，博取门阀的地位。这对于后来的桓温影响是非常之大的。

因为生活在一个物欲横流、虚伪的社会里，所以他不得不屈服于这样的环境，以此而获得士族们的那虚无缥缈，但是又宛如生死状般的认可。但是不尚空谈、雄心万丈才是他的本质。因此桓温读书，慨然而叹："大丈夫生于世间，不能留名青史，也要遗臭万年！"这更多是他的愤怒与反抗的一面。桓温不得不屈服于现实，而他又不甘心屈服于现实，这就是时代给他的悲剧。最后的结局，也就是他能看到希望，却永远也实现不了自己的梦想。以后的史书里所留下的桓温的形象，也就不过是"鬓如反猬皮，眉如紫石棱"的野蛮人。

门阀制度从东汉开始绵延千年，在东晋达到鼎盛，而消亡在唐末。黄巢起义彻底荡涤了世家贵族，为宋明清的寒门庶族地主的主政创造了条件。在此之后，虽然富者与权贵依然可以阡陌百里，但是始终屈服于皇权之下。

然而国朝新立，却又仿佛回到东汉。太祖武帝对元勋的打压只是在幻想中杜绝新剥削阶级的产生，但是基于建国时对开国者的优厚善待，使得新一批的统治者取代了前者。

王与马共天下的最后结局，就是王马均亡，君臣共倾。

桓温灭成汉之谜

桓温任荆州刺史后，于穆帝永和三年一举灭蜀。晋朝南迁之后，这是第一次收复大片国土的胜利。

取蜀为什么不难？因为蜀有必亡之势。李雄建立成国后，蜀中曾是一个安定的地区。他的堂弟李寿在位后，把国号改作汉。这个国家在李雄死后，很快就变得不安定了。

李雄其人，有很多可为称道之处，不忘晋室即是一处。他在答凉州张骏书中说，他本来无心于帝王，"进思为晋室元功之臣，退思共为守藩之将"，但又恨"晋室陵迟，德声不振"。巴郡告急，报遭晋军攻击。他并不着急，倒说只担心琅邪王（晋元帝）受石勒侵逼，现在既能兴兵，说明国势不弱，令人高兴。他对凉州使者说："我的祖父、父亲都是晋朝臣子……琅邪王若能在中原中兴大晋，我愿意率众归附。"

可惜的是，他毕竟只是一个流民领袖，对于怎样创立一个长治久安的政权却是外行，如在立太子一事上就留下了祸根。他有十多个儿子，却立侄儿李班做太子。群臣都劝他立亲生的儿子，他却说自己的位本来是兄长李荡的，而李班又仁孝好学，所以坚决不接受众人的劝告。晋咸和九年（公元 334 年），李雄死后，李班即位，李寿以遗诏辅政。李雄的儿子李越从外地奔丧还成都，便和兄弟李期商议夺权。他在成都逗留了许多日子，李班丝毫不起疑心，结果被他杀死在殡宫里。李越立李期做皇帝，把李寿打发到涪城（今四川绵阳东）去做梁州刺史。

李寿和李期、李越兄弟互相猜忌。李期时常派人到涪城观察李寿的动静。李寿向巴西名士龚壮请教保全自己的办法。龚壮本来不赞成李氏割据，便劝他推翻李期，向东晋称藩。晋咸康四年（公元 338 年），李寿即引兵袭成都，废李期，杀其亲信用事多人，纵兵大掠，城里乱了好几天才定下来，李期被幽禁了一段日子便自缢了。

李寿起兵之初，对天发誓，歃血盟众，说要向晋称藩。但得了成都后，他却听亲信任调等人的话，自己做了皇帝，并把国号改称为汉。在作此决定之前，他曾命卜者起一个卦，卜者说："可以做几年皇帝。"任调高兴地道："'做一天就很了不起，何况几年！"另一个亲信解思明不以为然，说："几年皇帝怎么及得百世诸侯（向晋称了藩，便是诸侯）！"李寿却说："朝闻道，夕死可矣！任侯的话是上策。"

李雄为人，宽厚俭约，但是他在位的时候，其子弟已都奢靡成风。打天下的目的本来是求富贵，于是蜀中很快出现了"贵者广占荒田，贫者种植无地"的情况。

李寿和后赵石虎通使。使臣从邺回蜀，大讲邺中繁华，宫殿壮丽，听得李寿心向往之。使臣又讲石虎严刑峻法，所以能控制境内，没有人敢不服从。李寿从此把石虎当"样板"，一心一意地模仿。他从各郡征发壮丁，大造宫殿，挖河道，引水进城。他嫌父兄（李寿是李骧的儿子）

过于寒酸，根本不想听到他们的事迹，便命臣下不得再提。李寿做了五年皇帝便死了。他的儿子李势即位。

李势荒淫无道，他不理国政，又不信任大臣，祖父和父亲的旧臣都受到排斥。他没有儿子，兄弟李广请兄长立他为太弟，李势不答应。李寿的谋士马当、解思明都劝他答应，以团结兄弟。李势怀疑他们内外勾结，遂派李奕袭击涪城，把李广抓回成都，李广被迫自杀，马当、解思明也被他全族处斩。解思明谋略出众，马当深得人心，李势杀这两人，等于斩断自己的膀臂。

李奕见李势无能，想夺其位，从驻地领兵攻成都。百姓怨恨李寿父子，踊跃从军的有好几万人。但是李奕勇而无谋，单骑当先冲锋，被城上守兵一箭射死，全军瓦解。

蜀中情势如此乱糟糟的，灭它自然容易。所以桓温的决策是正确的。

永和二年（洲陌年）十一月，桓温出兵伐蜀，使袁乔率二千人为前锋。他上了表就出发，所以朝廷虽有异议，也无从阻止他了。朝中的议论多以为蜀中地形险阻，路途又远，桓温兵力不大，难以取胜。刘惔却认为必能成功，众人问他根据何在，他说："从赌博可知。桓温赌博的手段极精，如果没有必胜的把握，绝不出手。只怕灭蜀之后，朝廷都得听他的而已。"此人是真正了解桓温的。

李势仗着蜀道险阻，不作战备。桓温长驱深入，至永和三年（公元347年）二月，已经在离成都不远的平原地区上大耀军威了。李势这时如梦初醒，急命叔父李福、堂兄李权、将军昝坚等领兵迎敌。昝坚领兵到了犍为（今四川彭山东）。三月，桓温到了彭模（今彭山东北），这里

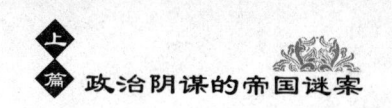

离成都只有两百里。昝坚与桓温走的不是一条路，他不知晋军何在，在驻地傻等。

桓温与众将商议进兵方略。有人主张分兵为二，两路挺进。袁乔反对，他说："此刻悬军万里之外，得胜可立大功，败了就全军覆没，必须合势齐力，不可分兵。应当丢掉锅子，只带三天粮草，以表有去无还的决心，全力进攻，必可成功。"桓温依计，只留参军孙盛、周楚带少数军队守辎重，他自己引兵直取成都。

李福攻彭模，被孙盛等击退。桓温和李权遭遇，三战三胜，汉兵溃散，逃回成都。待桓温进至成都近郊，昝坚才发现自己的失误，赶忙回来，但见晋军已逼近成都，所部军心慌乱，竟不战而溃。李势派的几支兵都战败了，他垂死挣扎，领兵出城，在笮桥（在成都西南）迎敌。这是灭汉的决战，也是唯一的一次硬仗。晋军开头打得并不顺利，参军龚护阵亡，汉军的箭射到桓温马前，军心有些动摇。这时，突然鼓声大振，袁乔拔剑指挥，将士誓死力战，于是大获全胜，便又进到成都城下，放火烧其城门。李势连夜逃往茵萌。他自忖无法再战，只得写下降表，派人送到军前投降，成汉就此灭亡。从太安元年（公元302年）李特起兵起算，共六世四十六年；若从李雄称王起算，还得减掉两年。

灭蜀大大地提高了桓温的声望。以会稽王昱为首的朝廷，一面替他加官晋爵，封临贺郡公；一面设法牵制，会稽王昱因扬州刺史殷浩名气极大，引为心腹，作为对抗桓温的手段。但他想错了，桓温哪里会把只配束之高阁的人物放在心上。还是王羲之有见识，殷浩用他做护军将军，

作为一条膀臂。他劝殷浩与桓温合作，使内外协和。殷浩不听，终于酿成日后的恶果。王羲之是王导的侄子，在历史上以书法著名，但他绝非仅是一位书法家，而是一位深谙政治与军事的能臣。

桓温为何没有造反

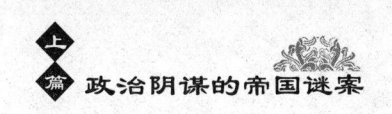

兴宁二年（公元365年），桓温第一次移镇姑孰，时年54岁，此时无论是名望还是权位均已到达顶峰。对此，《晋书·桓温本传》的记载：

（哀帝）复征温。温至赭圻，诏又使尚书车灌止之，温遂城赭圻，固让内录，遥领扬州牧……简文帝时辅政，会温于洌州，议征讨事，温移镇姑孰。会哀帝崩，事遂寝。

《资治通鉴》晋纪二十三则记录得更为详细：

（兴宁）二年：五月，……加大司马温扬州牧、录尚书事。壬申，使侍中召温入朝参政，温辞不至……秋，七月，丁卯，诏复征大司马温入朝。八月，温至赭圻，诏尚书车灌止之，温遂城赭圻居之，固让内录，遥领扬州牧……（兴宁）三年，春，正月……大司马温移镇姑孰。（胡三省注：温又自赭圻而东镇姑孰。）……二月，司徒昱闻陈祐弃洛阳，会大司马温于洌州（胡三省注：今姑孰江中有洌山，即其地。）共议征讨。丙申，帝崩于西堂，事遂寝。

由此可知，桓温第一次移镇姑孰的时间是兴宁三年（公元365年）春正月，移镇姑孰的原因当是"以既总督内外，不宜在远。"即因为姑孰

为都城建康西南的重要屏障，在此驻扎不仅可以扼守都城咽喉，而且便于自己就近控制朝政，可以避免朝中发生突然变化时自己离得太远而措手不及。当年二月，辅政的司徒司马昱（即后来的简文帝）与桓温会于姑孰境内之洌洲，共同商讨征讨陈祐、收复洛阳之事，却因为晋哀帝的突然驾崩而搁置。

太和四年（公元369年），桓温再次率军由姑孰北伐。《晋书·列传第六十八·桓温》记载：

太和四年……又以温领平北将军、徐兖二州刺史，率弟南中郎冲、西中郎袁真步骑五万北伐。百官皆于南州祖道，都邑尽倾。

《资治通鉴》晋纪二十四：

太和四年，春，三月，大司马温请与徐、兖二州刺史郗愔、江州刺史桓冲、豫州刺史袁真等伐燕……夏，四月，庚戌，温帅步骑五万发姑孰。

可见当时桓温率五万步骑北伐，朝中文武皆到姑孰为其饯行，一时竟至"都邑尽倾"，想来必是举行了隆重的誓师大会。由此可以推断，桓温在移镇姑孰期间，一方面控制着朝政，另一方面坚持训练军队、积蓄财力，随时准备完成他的北伐大业。他此次北伐攻前燕，到达了枋头（今河南浚县西南），可惜再次因军粮不济受挫而返。

桓温本来的打算是"负其才力，久怀异志，欲先立功河朔，还受九锡。"经此挫败，威名大减，于是转而谋图帝位的废立。太和六年（公元371年）十一月，桓温废海西公，立简文帝，改元咸安，故《资治通鉴》将此事列在咸安元年条下。《资治通鉴》晋纪二十五载：

十一月，癸卯，温自广陵将还姑孰，屯于白石。（胡三省注：此白石盖在牛渚西南桓玄破谯王尚之处，非陶侃令庾亮所守白石垒也）……己未，温如白石，上书求归姑孰。庚申，诏进温丞相，大司马如故，留京师辅政；温固辞，乃请还镇。辛酉，温自白石还姑孰……（咸安）二年，三月，戊午，遣侍中王坦之征大司马温入辅，温复辞……秋，七月，甲寅，帝不豫，急召大司马温入辅，一日一夜发四诏，温辞不至……己未，帝崩……诏谢安征温入辅，温又辞……宁康元年，春，二月，大司马温来朝。

由此可见，桓温还镇姑孰在太和六年即咸安元年（公元371年）的十一月。简文帝立后，数次征桓温入朝辅政，他都推辞未去，一直居住在姑孰的府第中。到咸安二年（公元372年）七月简文帝驾崩前，一日一夜四诏征温，桓温还是推辞未去。本来桓温指望着简文帝临终前能禅位给自己，不想由于吏部尚书谢安及侍中王坦之、尚书仆射王彪之等人忠于晋室，拥立太子司马曜继位，所以桓温心怀愤恨，再次拒绝了新皇帝晋武帝征自己入朝的诏书。直到宁康元年（公元373年）的二月，才从姑孰前往建康朝见新君。

桓温此次入朝，可谓来者不善。他"大陈兵卫，延见朝士"，一时人心惶惶，朝中甚至说桓温此行是"欲诛王、谢，因移晋室。"甚至连王坦之都紧张得"流汗沾衣，倒持手版"，但谢安却浑然不惧，谈笑自若，他假装开玩笑地对桓温说："我听说诸侯有道，都是守在四邻，您为何在墙后布兵呢？"桓温于是也就笑着令埋伏着的兵士撤走。本来桓温安排谋士郗超躲在帐中偷听他和谢安的谈话，由于风吹帐开，谢安看见了，还同郗超开玩笑地说："您可说是入幕之宾了。"就这样轻描淡写地将剑拔

弩张的紧张局势化解了。谢安之所以能够成为安定晋室的功臣，一方面是由于他那镇定自若、举重若轻的政治胆略和名士风范，另一个原因还在于桓温也是当朝名士，文采风流冠盖一时，虽素怀不臣之志，但他希望以禅让的"体面"方式从晋室手中夺权，不希望背负"弑君灭国"的罪名。他见谢安等皆忠于晋室，不能不有所顾忌，只好将自己的野心隐忍不发。

桓温此次进京，由于生病，所以在建康停留了14天，直到三月甲午，才回到姑孰，遂寝疾不起。七月，薨于姑孰。他在临终前，"讽朝廷加己九锡，累相催促。"谢安、王坦之听说他已病重，便打算拖延一下，但又恐桓温的病没有那么重，拖延不办会给朝廷及自身带来灾难，于是谢安以探病为名，专程前来姑孰察看形势。《世说新语·赞誉第八》第105条载：桓大司马病，谢公往省病，从东门入。桓公遥望叹曰："吾门中久不见如此人！"

可知当时桓温在姑孰病重，多次派人催促朝廷给自己加九锡，谢安、王坦之知道他将不久于人世，所以故意拖延着不办。谢安这次到姑孰来拜访桓温，探病只是表面上的理由，实际是来探看桓温病情，以便见机行事。由于他早年曾在桓温手下做过司马，故桓温对他的才能是了解和欣赏的。但后来二人同为朝廷重臣，桓温私下有异志，谢安则忠于晋室，遂有政治分歧。《晋书·桓温本传》记载："初，冲（按，指桓温弟弟桓冲）问温以谢安、王坦之所任，温曰：'伊等不为汝所处分。'温知己存彼不敢异，害之无益于冲，更失时望，所以息谋。"说明桓温晚年对当时形势的认识还是十分清醒的，他知道自己活着时，谢安、王坦之等人

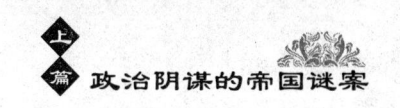

是不敢公开和自己作对的，但这二人又俱有奇才、大志及声望，如果加害他们，不仅有失声望，更会在自己死后给弟弟桓冲及自己的家族带来坏处，很可能还会导致家破人亡。为了家族的长远利益，只好不捅破这最后一层窗户纸。从谢安方面来说，桓温久有异志，他们心里都是清楚的。但毕竟当时桓温手握重兵，权倾朝野，只要桓温自己没有撕下废帝自立的最后一层面纱，他们也只能虚与委蛇，采取拖延战术。毕竟桓温年长于自己，身体又不好，不能授之以柄，主动逼他造反。

桓温一生志向远大，风神潇洒，颇具名士风范。像著名的"木犹如此，人何以堪"及"既不能流芳后世，不足复遗臭万载邪"的言论皆出自他口。谢安虽为东晋名臣，亦出自其门下，且在桓温生前对他颇为忌惮，不得不韬光养晦，费尽心机与之周旋，所以宋代的朱熹才会有"谢安之于桓温，陈鲁公之于完颜亮，幸而挨得他死耳"的论断，可谓公允。

王敦之乱：东晋权臣立身乱局之谜

东晋平定王敦之乱，是南京地区有史以来发生的第一次大规模内战，战争爆发于晋元帝永昌元年（公元 322 年），结束于晋明帝太宁二年（公元 324 年）。王敦之败，抑或天意乎？非也！

王敦之乱背后的琅琊王氏

王敦第一次举兵，是在晋元帝永昌元年（公元 322 年），王导、王敦兄弟里应外合，将试图恢复皇权的晋元帝打得毫无还手之力，最终抑郁而死。对此，以王导为首的琅琊王氏毫不掩饰地说：至于往年之事，自臣等有识以上，与札情岂有异！（晋书卷五十八周札传），可见琅琊王氏当时是整体站在王敦一边，与晋皇室对抗的。

两年之后，晋明帝太宁二年（公元324年），王敦二次举兵，意图取晋室而代之，这时琅琊王氏的内部出现了分裂。以王导为首的鸽派主张：东晋王室的无形资产尚未用尽，应该继续保持共天下的格局，在这个前提下实现琅琊王氏的利益最大化；而以王敦为代表的鹰派则认为：晋王室的大旗对于士族已无号召力，在既有的格局下，琅琊王氏的利益很难扩大，因此应该取而代之；更多的则是介于两者之间摇摆不定。最终王导与王敦走向对立，王导以大义为重，帮助晋明帝灭掉了王敦，历史是这样记载的，但事实果真如此吗？

其中王导与王敦的职位高度重合，王敦是丞相，王导则是司徒，王敦领扬州牧，王导则兼任扬州刺史，两者皆都督中外诸军，这是人为对立的结果，也预示着两者的政见不同，似乎冲突不可避免。王含追随王敦，而王彬、王舒和王邃则追随王导。

王敦又举兵内向。时王敦始寝疾，王导便率子弟发哀，众闻，谓敦死，咸有奋志。似乎是王导主动为王敦发丧，但王导在此同时，给王含的一封信（表面是给王含，实际是给王敦）中，则泄露了天机。

《司徒导遗含书》曰：

近承大将军困笃绵绵，或云已有不讳，悲恒之情，不能自胜。寻知钱凤大严，欲肆奸逆，朝士忿愤，莫不扼腕。去月二十三日，得征北告，刘遐、陶瞻、苏峻等深怀忧虑，不谋同辞。都邑大小及二宫宿卫咸惧有往年之掠，不复保其妻孥，是以圣主发赫斯之命，具如檄旨。近有嘉诏，崇兄八命，望兄奖群贤忠义之心，抑奸细不逞之计，当还武昌，尽力籓

任。卒奉来告，乃承与犬羊俱下，虽当逼近，犹以冏然。兄立身率素，见信明于门宗，年逾耳顺，位极人臣，仲玉、安期亦不足作佳少年，本来门户，良可惜也！

兄之此举，谓可得如大将军昔年之事乎？昔年佞臣乱朝，人怀不宁，如导之徒，心思外济。今则不然。大将军来屯于湖，渐失人心，君子危怖，百姓劳弊。将终之日，委重安期，安期断乳未几日，又乏时望，便可袭宰相之迹邪？自开辟以来，颇有宰相孺子者不？诸有耳者皆是将禅代意，非人臣之事也。先帝中兴，遗爱在人。圣主聪明，德洽朝野，思与贤哲弘济艰难。不北面而执臣节，乃私相树建，肆行威福，凡在人臣，谁不愤叹！此直钱凤不良之心闻于远近，自知无地，遂唱奸逆。至如邓伯山、周道和恆（同"恒"）有好情，往来人士咸皆明之，方欲委任，与共戮力，非徒无虑而已也。

导门户小大受国厚恩，兄弟显宠，可谓隆矣。导虽不武，情在宁国。今日之事，明目张胆为六军之首，宁忠臣而死，不无赖而生矣。但恨大将军桓文之勋不遂，而兄一旦为逆节之臣，负先人平素之志，既没之日，何颜见诸父于黄泉，谒先帝于地下邪？执省来告，为兄羞之，且悲且惭。愿速建大计，惟取钱凤一人，使天下获安，家国有福，故是竹素之事，非惟免祸而已。

夫福如反手，用之即是。导所统六军，石头万五千人，宫内后苑二万人，护军屯金城六千人，刘遐已至，征北昨已济江万五千人。以天子之威，文武毕力，岂可当乎！事犹可追，兄早思之。大兵一奋，导以为灼炟也。

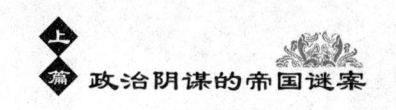

信的开头就表明，王导知道王敦并没有死，只是生病了，并且对王敦的生病深表遗憾。接着说了一大堆冠冕堂皇的话，最后一段则将晋明帝最重要的军事机密透露给了王敦。

王导指明了晋明帝的总兵力，共计四万一千人。其中以应詹为代表的江东士族军队六千人，驻扎在金城；以其他侨姓士族为代表的军队一万五千人，驻扎在石头城，实际指挥者是庾亮、温峤等人；晋明帝亲自率领的军队为两万人，由尚书令郗鉴指挥。另外刘遐的援军已到，人数不详。

帝欲讨之，知其为物情所畏服，乃伪言敦死，于是下诏曰：

今遣司徒导，镇南将军、丹阳尹峤，建威将军赵胤武旅三万，十道并进；平西将军邃率兖州刺史遐、奋武将军峻、奋威将军瞻精锐三万，水陆齐势；朕亲御六军，左卫将军亮，右卫将军胤，护军将军詹，领军将军瞻，中军将军壶，骁骑将军艾，骠骑将军、南顿王宗，镇军将军、汝南王祐，太宰、西阳王羕被练三千，组甲三万，总统诸军，讨凤之罪。罪止一人，朕不滥刑。有能杀凤送首，封五千户侯，赏布五千匹。

由此可见，王导与王邃真正的政治立场了，还有王邃渡江的一万五千人，是勤王还是谋逆？我们只知道，在今存的所有史料记载中，王邃的一万五千人在战场上神秘消失，与王敦军队决战的，先是应詹，最终起决定作用的是刘遐和苏峻。

平定王敦之乱后，王邃在史书上神秘地消失，再也没有只字记载，三个月后，刘遐代替了王邃的职务，取代了王邃的地盘。

如果王邃是站在晋明帝一边，并且带来了一万五千人的话，那么不但没有封赏，反而连原有的地盘也丢失了，这正常吗？

连同王邃部队神秘消失的，还有另外一个人的军队——郗鉴的部队。晋元帝之所以召郗鉴从峄山回合肥，就是想利用他的部队对抗王敦，而晋明帝之所以能召来刘遐、苏峻，也是因为郗鉴之故，要知道，王敦第一次起兵时，苏峻、刘遐都是坐观成败。

王敦作逆，诏峻讨敦。卜之不吉，迟回不进。及王师败绩，峻退保盱眙。

王敦复肆逆，尚书令郗鉴议召峻及刘遐援京都，敦遣峻兄说峻曰："富贵可坐取，何为自来送死？"峻不从，遂率众赴京师。

郗鉴之所以能征召连皇帝都指挥不动的苏峻，是因为郗鉴是比苏峻、刘遐实力更为强大的流民帅。那么，苏峻、刘遐都能派出部队万人勤王，郗鉴的部队哪里去了呢？如果郗鉴不出兵，空口说白话，苏峻、刘遐会出兵吗？如果郗鉴的军队没有苏峻、刘遐多，那么又是谁指挥谁呢？

已经可以想象得出，郗鉴的军队和王邃的军队之间，一定发生了些什么。王邃从史书上神秘消失，也许就是拜郗鉴所赐。刘孝标注《世说新语》引《晋诸公赞》："隆字弘始，高平人。为人通亮清识。为吏部郎、杨州刺史。齐王冏起义，隆应檄稽留，为参军王邃所杀。"《晋书》亦书："时宁远将军陈留王邃领东海都尉，镇石头，隆军人西赴邃甚众。隆遣从事于牛渚禁之，不得止。将士愤怒，夜扶邃为主而攻之，隆父子皆死，顾彦亦被害，诬隆聚合远近，图为不轨。"不知此王邃是否为琅琊王邃，果真如此的话，郗鉴和王邃之间，可谓有大仇，郗鉴是有足够理由和动力诛杀王邃的。

再说江州刺史王彬，即使在王敦已经彻底失败之后，还在试图营救其余党。

及敦死，王含欲投王舒，王应劝含投彬。含曰："大将军平素与江州云何，汝欲归之？"应曰："此乃所以宜往也。江州当人强盛时，能立同异，此非常人所及。睹衰厄，必兴愍恻。荆州守文，岂能意外行事！"含不从，遂共投舒，舒果沈含父子于江。彬闻应来，密具船以待之。既不至，深以为恨。

敦平，有司奏彬及兄子安成太守籍之，并是敦亲，皆除名。诏曰："司徒导以大义灭亲，其后昆虽或有违，犹将百世宥之，况彬等公之近亲。"乃原之。

及敦败，王含父子俱奔舒，舒遣军逆之，并沈于江。

王敦之乱后，琅琊王氏的地盘发生了哪些变化呢？王含的淮南之地，归了历阳内史苏峻；王邃的徐州，归了徐州刺史刘遐，不久之后又归属于郗鉴；王彬的江州，分给了江东士族应詹；而王舒的荆州，划归了陶瞻之父陶侃，琅琊王氏的地盘可谓损失殆尽。只有王导，作为琅琊王氏的掌门人，得到了部分补偿。

东晋平定王敦之乱秘闻

东晋平定王敦之乱，是南京地区有史以来发生的第一次大规模内战，战争爆发于晋元帝永昌元年（公元322年），结束于晋明帝太宁二年（公元324年）。第一仗由出身琅琊王氏的权臣王敦挑起战火，最后叛臣大获全胜，晋元帝含恨而死；第二仗晋明帝先发制人，将王敦打得落花流水。王敦亦因战局不利病发身亡，他的主要党羽无一幸免，全被消灭。

公元317年，偏安一隅的琅琊王司马睿在建康重建晋廷，为晋元帝，史称东晋。司马睿能够称帝离不开两个人，一个是主管朝政的王导；一个是主管军事的王敦。王氏兄弟军政大权在握，所以时人称"王与司马，共天下"，可见王氏的地位和影响力。

但随着元帝地位的巩固，以及建康政权的统治范围的不断扩大，坐稳了龙椅的元帝就不太愿意"王与司马，共天下"了。而此时自恃有功的王敦，居长江中上游建瓴之势，手握重兵，仰仗着强大的宗族势力，越来越骄横跋扈，不太把元帝放在眼里。元帝为打击王敦，抑制大族，加强皇权，改变强枝弱干、强臣弱主的局面，接连打出了三张牌。

元帝为贯彻其治国方略，重用琅邪王幕府中的两个旧人刘隗和刁协，任命刘隗为侍中,刁协为尚书令。刘隗和刁协两人,忠实地执行"以法御下"的方针,制定了一系列限制大族势力、加强皇权的所谓"刻碎之政",对违反封建礼教、不遵法度和上侵皇权的行为坚决予以参劾。

在刘隗的建议下,元帝下令处决了桂阳太守和徐州刺史等几个违法的官吏,其中桂阳太守是王敦的亲信。称帝之后的元帝,虽然继续对王导、王敦加封了官职,但是态度上十分冷淡。

元帝采用刁协的建议,下诏将中原南迁百姓在扬州各郡沦落为大族僮客(即家奴)的人免除其僮客身份,让这些人恢复平民百姓的地位。采取这措施,并不是为僮客着想,而是要把他们从大族手里挖出,用他们来为朝廷服兵役、劳役。这一措施使许多大族蒙受损失,引起他们的怨愤,以至后来在王敦兵犯宫阙之时,这些人大多持默许态度。

由于东晋政府的绝大部分军队都掌握在各地外藩手中,元帝迫切需要扩建能为自己所用的军队,以对付王敦。

公元320年,梁州刺史周访去世,元帝调湘州刺史甘卓到梁州,同时拒绝王敦以沈充为湘州刺史的请求,派遣自己的叔父谯王司马承出镇湘州。控制湘州,等于是在王敦势力范围内打进一个楔子。

公元321年,元帝任命戴渊为司州刺史、征西将军,镇合肥;刘隗为青州刺史、镇北将军,镇淮阴。这表面上是要加强北部边防,实际上却是针对王敦而来。这样,元帝三个心腹各据一方。

元帝司马睿在与王敦度过了同心同德的一段时期后,再也不甘心于"王与司马,共天下"的局面,而王敦也不愿意看到自己的权力被打压。"共天下"很快演化为"争天下"。

公元322年1月14日，王敦先发制人，举起"诛刘隗，请群侧"的大旗从武昌（今湖北鄂州）起兵向建康进发。

在王敦起兵的同时，他的心腹宣城内史沈充从吴兴（今浙江湖州附近）起兵响应，攻占吴郡，也向建康进发。这样，王敦军与沈充军就形成了合击建康的态势。

晋元帝看到王敦的折子后大怒，1月21日下诏讨伐王敦。元帝知道建康士众寡弱，难挡王沈之师，于是命令镇北将军刘隗、征西将军戴渊率兵回京勤王。

2月，戴渊、刘隗率军相继进卫京师。3月，元帝下令以王导为前锋大都督，戴渊为骠骑将军，周顗为尚书左仆射，王邃为右仆射；刘隗守金城（建康外城），周札守石头城，此两城与建康城之间成鼎立之势，共同抵御王敦军。元帝亲自披甲上阵督战，后又发诏令，让梁州刺史甘卓为镇南大将军、侍中，都督荆、梁二州诸军事，广州刺史陶侃领江州刺史，各率兵马攻击王敦军的后方。

由于众多不满"征奴为兵"政策的门阀士族对王敦的支持，使得王敦进军神速，一路上没有遇到顽强的抵抗，兵锋直抵建康。王敦兵临石头城下，守将周札开城门投降。石头城陷，建康危在旦夕。元帝立即下令刘隗、戴渊、刁协等军反攻石头城，并让王导、周顗、郭逸等军分三路出去迎战，但都被王敦轻松击败。王敦军一举进入建康。

王敦坐镇石头城拥兵不朝，放任士卒进城劫掠。宫内乱成一片，元帝一筹莫展，派出使者对王敦说："公若不忘本朝，于此息兵，则天下尚可共安；如其不然，朕当归琅琊以避贤路。"随后让百官去石头城拜见王敦，并任命王敦为丞相、都督中外各军、录尚书事、江州牧，赐封武昌郡公。兵败的刁协和刘隗逃入宫中，元帝给二人配备人马，让其自寻生路。刁协年老，不便骑乘，后被手下所杀，刘隗则逃奔后赵。败将周颚和戴渊很快就被王敦的部将邓岳抓住了，在石头城南门外被杀。

王敦虽退回武昌，却大权独揽，把几个军事重镇全部换上自己人。

元帝形同傀儡，没权没势，在内有叛臣、外有强寇情况下，终日忧愁成疾，终于卧床不起。永昌元年（公元322年）11月，就在王敦攻入建康7个月后，元帝抱恨去世，享年47岁。元帝生前温良恭俭让，但是自治有余，治人不足，又逢乱世，最后只能饮恨终身。

元帝辞世，明帝即位。明帝从父亲那儿继承的，不是君臣同心、固若金汤的帝王之基，而是强蕃欺主、危机四伏的东晋政权。大权在握的王敦自攻陷建康后，篡位之心越来越明显。

多行不义必自毙。骄横跋扈的王敦323年底开始生病，324年5月病情加重，于是任命王应（王含之子，王敦无嗣，养以为子）为武卫将军，并准备将宰相的职位传给他。

王敦的所作所为令明帝十分愤怒。这时，明帝先后得到两个情报。一个来自王敦堂弟王舒。王舒有一个儿子，一直在王敦身边。这个人无意中听到王敦和钱凤一起商讨叛乱的事，就告诉了父亲。王舒立即把情报禀报明帝。另一个情报来自王敦的左司马温峤。温峤反感王敦图谋篡位，将王敦病情和叛乱阴谋告诉了明帝。

明帝在得到情报后做出了一个惊人的举动，微服深入虎穴，到王敦的大本营刺探军情。明帝在摸清了王敦病情和军情之后，认为报仇雪恨

的机会来了，于是起兵讨伐。

公元324年6月27日，明帝先发制人，下诏讨叛。

明帝怕兵卒畏惧王敦权势，伪言王敦已死，同时让王导率领族人替王敦发丧，此举大大振奋了军心士气。明帝在诏书中明确指出："罪止（钱凤）一人，朕不滥刑"，矛头指向钱凤。

王敦见到诏书后，勃然大怒，病情加重。他任命王含为元帅，让他率领水陆大军5万余人，以诛温峤等奸臣为名，即从不远处的姑孰、于湖直扑建康城。7月1日，王含军抵达江宁。

大都督王导送信给兄长王含，力劝退兵回守武昌。王含不做回应，继续驻扎在秦淮河南岸。明帝为预作防备，亲率诸军屯于南皇堂（在宫城内）。对峙数日后，王含军渐渐疲怠松懈起来。7月3日夜，明帝派人率精兵千人夜渡秦淮河，拂晓时，偷袭越城（今南京城南中华门外一带）得手，一举收复越城。王敦接到败报，气愤交加，欲亲往建康督战，未遂而卒。

王敦部下沈充从吴兴发兵奔赴建康援助王含军。25日夜，沈充、钱凤部从竹格渚（朱雀航上游）渡过秦淮河，直逼宣阳门。这时，东晋军刘遐、苏峻部从南塘（今内秦淮河南岸南塘里附近）横击过来，抓住沈充、钱凤军半渡时机，沿河击毙、溺死沈充、钱凤军三千多人。沈充军前部攻至宫城前，未及喘息，刘遐军又大破沈充一部于青溪。26日，晋军乘势追击。

王敦手下的几员叛军大将最后都没有好下场。

王敦如何立身乱局？

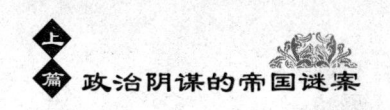

晋元帝司马睿登基的时候，邀请王导和自己一起坐到御床上。王导推辞道："若太阳下同万物，苍生何由仰照？"

司马睿这样一个素无名望的皇室疏宗能够有这样一天，当然该算是意外之喜。有人觉得这个有失体统的举动是兴奋过头的表现，正如有人认为刘备授权诸葛亮可以取刘禅而代之，是焦虑过头的表现一样。但是反过来，也正如刘备临终前的做作可能是对诸葛亮（或者对李严）的敲山震虎。在很多人看来，司马睿实际上是给了王导一个警告，提醒他收敛一点。

此时琅琊王家确实权倾朝野内外。除了王导在中央拥有巨大的影响力外，更令司马睿不安的是，王家的另一个强势人物王敦，正以江州刺史兼为大将军，都督江、扬、荆、湘、广、交六州诸军事，牢牢控制着长江的上游。

事实上，早在打造江东的政权之前，王家就已经有了把江汉地区留作退步的打算。第一个前往那里的人是王澄，他是当时王家的领军人物王衍的弟弟。

王衍虽然缺少处理具体事务的能力，然而大局观还是有的，所以能意识到荆州重要性。然而糟糕的是，王澄与兄长一样，常对实际问题束手无策。偏偏荆州的局面混乱，大股流民涌入之后，到处都是实际问题。王澄很快就搞得怨声载道，一连串惨败之后，他已经输得只剩下那份名士风度了。于是路过江州豫章的时候，他得罪了自己的同族兄弟王敦。王敦决定杀他，逃避屠刀时，王澄最后展示了一次自己爬树掏鸟窝的本事，他爬到了房梁上，但这并不足以使他逃得一命。

然后，王敦开始为自己经营荆州。没有迹象表明，王敦本人的用兵才能有多高明，但是，他善于选择带兵的人选。平定湘汉地区的叛乱的过程里，立下最大功绩的人是陶侃和周访。他们的共同点是：第一，作战勇猛，指挥有方；第二，缺乏政治根基。

另一方面，王敦取得了吴兴郡大族沈氏、钱氏的支持。吴兴沈氏是与义兴周氏齐名的武力强宗，所谓"江东之豪，莫强周沈"。和周氏一样，沈家在东晋建立的过程中，也处于被排挤打压的地位。司马睿逼死周玘，周玘任太守的吴兴郡连带着也受到了诸多不公正对待，现在，吴兴人有理由为自己寻找另外的同盟者，来改善自己的处境。

于是，王敦身边多了一个叫钱凤的谋士，而沈家的头面人物沈充则留在吴兴。吴兴郡的范围大体相当于今天浙江临安、余杭、德清一线西北，兼有江苏宜兴的一部分地区。这意味着，一旦王敦要对建康的司马睿政府有什么举动，除了他的大军可以顺长江而下外，还埋伏下一把可以迅速切断建康与三吴地区联系的尖刀，而三吴，正是建康后方的粮仓。

当初司马睿可能并未想过自己可以当上皇帝，但是，既然已经是皇

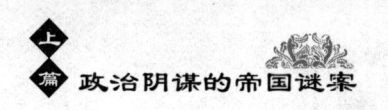

帝了，他就不想做一个受人操控的傀儡。

哪怕从一些看似微小的细节里，群臣也会很快就发现了这一点。太子读书，皇帝交付给他的，是一部《韩非子》。众所周知，韩非讲苛刑峻法，讲阴谋诡计，讲君权大于一切，讲除君主以外，法律面前人人平等。显然，根据韩非的逻辑，像现在这样一个各大门阀享有各种特权的社会政治格局，实在是不能容忍的。

太兴元年（318年）三月，晋元帝司马睿正式即位，即位当天，便下了一份诏书。诏书的开篇，对古代传说中的清静为政给予了高度评价，然而具体论述的部分，却透露出对各级官员行政能力的关注，以及惩办不法或无能的官吏的意图。到七月份，新的诏书措辞变得严厉，要求官员们端正自身，有法必依，打击地方上的豪强，清算被隐瞒的户口。尤其是，州牧刺史要互相检察，不得顾私亏公，如果下属官吏有不法行为，朝廷将认真追究其领导责任。

史书中盛赞王导以平和的心态对待司马睿此时的冷遇，但是有迹象表明，他并不真的那么淡定。似乎是为了贯彻皇帝的新政策，王导派出八部从事巡行扬州诸郡，调查地方官员施政的得失。然而在听取他们汇报工作时，王导只对顾和的意见表示了赞赏，顾和说："宁使网漏吞舟，何缘采听风闻，以察察为政？"

当时在武昌（今湖北鄂州）的王敦的反应，远比王导要激烈。他上疏夸耀自己兄弟在建立江东政权时所建立的功勋，从而向元帝抱怨王导所受到的不公正待遇。王敦称，这种做法已经使人心失望。尤其是，奏疏中还有"天下荒弊，人心易动"之类的言语。

王导在元帝之前看到了这份奏疏，于是把奏疏封上，退还给王敦。但是王敦再一次把奏疏送到建康。这样一来二往，朝中人士大抵都预感到，王敦可能会有所动作。

在琅琊王家，王敦无疑是个另类。他说话有南方人的口音，举止像乡下人，对各类高雅艺术不感兴趣，但敲起鼓来，那"振袖而起，扬槌奋击，音节谐捷，神气豪上，傍若无人"的风范，倒确实能令人叹其雄爽。

在洛阳的时候，王敦做过太子舍人。愍怀太子被贾后陷害驱逐的时候，曾有诏令禁止东宫的属官送别太子，但是王敦和几个同僚对此置若罔闻。当年，这个有情有义的行为曾得到过官员和洛阳市民们的赞赏，但是现在回想起来，却很可能成为王敦一贯胆大妄为的证据。

太兴三年（320年），围绕着梁州和湘州的刺史人选的问题，朝廷和王敦展开了不动声色却又激烈异常的较量。王敦的根据地是荆州和江州，此时的荆州虽然荒弊，却毕竟仍是"用武之国"，而此时从江陵至于建康，三千余里，"流人万计，布在江州"，正提供了充足的兵员。

但一旦王敦想向长江下游有所动作，荆州西北的梁州和荆州南方的湘州，就可能成为他后方的威胁。所以这两个州，尤其是梁州的刺史站在哪一边事关重大，不管对朝廷还是对王敦，都可能是生死攸关的问题。

王敦临终的悲叹

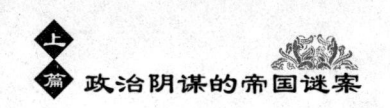

王敦是东晋元帝时的一个政治野心家。他走上反叛的道路，跟他的个性有关系，跟环境的变化、形势的发展也有关系。

王敦的个性是出奇的冷酷。王敦与王导是堂兄弟，同样出身于琅琊王氏世家。世家多与王室联姻，王敦就是晋武帝司马炎的驸马，他娶司马炎的女儿襄城公主为妻。正因为如此，王敦很年轻就担任了驸马都尉，做了太子舍人。

西晋士人崇尚奢侈，王恺尤其爱挥霍，经常大摆宴席，王敦、王导兄弟便是他座上的常客。

有一次，王恺请客，王敦与王导都在座。席上有艺人演奏音乐。有个吹笛子的女孩不留心吹走了调，残忍成性的王恺认为丢了他的面子，立即叫人把女孩拖下去，当着客人用鞭子、木棍抽打，直到把她打死。座上的客人都大惊失色，认为王恺太残酷，唯独王敦无动于衷，照旧饮酒，神色自若，就当什么都没有发生一样。

又有一次，也是在王恺家里做客。王恺叫一个美女替客人敬酒。有一个客人大概不会饮酒，美人敬到第三杯，他再也喝不下去了，将剩下

的大半杯酒倾倒在地上。王恺一见大怒，认为是这美人没尽到心意，丢了他的脸，立即命人把这名美女拖到院子里杀了。王恺又换了一位美人敬酒，刚好敬到王导面前。王导本不会喝酒，但他心肠较软，怕敬酒人获罪，便勉强地将酒喝了个干净。当美人敬到王敦的时候，王敦故意不接。那美人已吓白了脸，可王敦像是没注意到一样，纹丝不动。果然王恺又拍桌大怒，将那位美人拖出去杀了。再换一位美人敬酒。当这位美人又敬到王敦的时候，王导怕出事，连忙拉着王敦向王恺告辞回家了。路上，王导责备王敦心肠太硬，王敦却冷冷地说："关我什么事！"

也许，就是他这副刚硬冷酷的心肠，促使他走上了叛逆的道路。

然天有不测风云，王敦患上重病，眼看就要不久人事。他最亲信的智囊钱凤、沈充前来讨问身后之事，王敦回答说："非常之事要有非常之人才能担当，世子年少无法承担。我死之后，将军士解散，王氏子孙入朝为官，这是保全家门的上策。全军退保武昌，拥兵自重，对朝廷表面恭顺，进贡不断，这是中策。趁我还有一口气在，集中大军顺流而下，攻破建康，另立朝廷，也许还有一线希望，这是下策。"钱凤、沈充听后，竟然认为大将军所说下策正是上策，二次叛乱已经不可避免。

从客观上说王敦先生对形势的估计是清醒明智的，司马皇族虽然势力衰微，但作为汉族合法政权的象征，还是具有很高人望，轻易取代恐怕难免背上篡逆恶名。经过前次政变，王家势力的迅速膨胀，已经引起其他家族的极大恐慌，大有结盟共同对付王家的架势。从王氏家族内部来看，立场也不统一。宰相王导从维护家族的最高利益出发，一直反对王敦采取军事行动，为此王敦还屠杀了自己多名兄弟。因此从这三方面

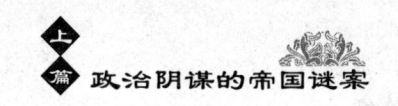

考虑，王敦所说解除武装，入朝为官的决策确实是保全家门的上策。可惜，身为一个利益集团的首领，很多时候并不是自己能够决定形势的！首领个人可能考虑到深远的利益，提出正确的意见，但他的亲信随众是绝不可能放弃自己的既得利益的。

王敦病逝后，钱凤、沈充等人唆使怂恿王敦的兄长王含和世子王应向晋王朝发动攻击。战争的结果是王氏叛军在各地军阀的合围下全军覆没。王敦及其党羽的家属全部被处死，王敦一脉从此绝后。

历史的兴亡令人感慨，王敦临终前的正确考量被他的亲信们篡改的面目全非，终于导致了家门屠灭的悲惨结局。

王敦集功臣与乱臣的名声于一身，前期与从弟王导齐心合力辅助元帝司马睿，屡建战功，不失为东晋开国有功之臣。他本应载入史册，名垂千古，但随之而来的重权在握却把王敦推向犯上作乱的境地。他获取相位后，心存不满，欲海难填，再次举兵发难，已成强弩之末，最终落得个身败名裂的下场。

苏峻之乱：朝廷命官战场被杀之谜

  苏峻之乱是东晋年间发生的一场动乱，爆发于咸和二年（327年），由历阳内史苏峻发起，联结镇西将军祖约以讨伐庾亮为名，起兵进攻建康。于次年攻破建康执掌朝政，庾亮则与江州刺史温峤推举征西大将军陶侃为盟主，建立讨伐军反抗苏峻，同时三吴地区亦有义兵起兵。

苏峻之乱之谜

  东晋成帝咸和三年六月，陶侃亲率大军直抵寻阳。当地的朝臣将士以为陶侃来后肯定会先"诛庾亮以谢天下"。

  庾亮又惊又怕，幸亏老友温峤出主意，让他亲自前往陶侃营帐拜见、道歉。

陶侃没有心理准备。忽然看见权倾一时、玉树临风的庾亮跪伏于自己面前，口中喃喃道歉不停，也大惊失色："庾元规竟拜我陶士行啊！"

"（庾）亮引咎自责，风止可观，（陶）侃不觉释然"。"魏晋风度"的魅力不可小觑，言语举止之间，竟可以化干戈为玉帛，化仇恨为友谊。

陶侃大笑，说："君侯您大修石头城就是防备我，今天倒来求我办事了！"言毕，两人"谈宴终日"。

陶侃出兵，局势陡然改观。"戎卒四万，旌旗七百余里，钲鼓之声，震于远近"。

苏峻没想到，陶侃会和庾亮讲和，忙从姑孰回军，还据建康石头城，分遣众将以迎战陶侃。

到了石头城，苏峻腾出一座空仓库作为小皇帝的宫室，并在小皇帝面前放肆狂言，大骂庾亮等人。幸亏钟雅、刘超、华恒等几位大臣忠心耿耿，"臣节愈恭"，轮流伺候这位被幽禁的小皇帝，并天天教他读书、写字、学文化。

双方交战，互有胜负。晋军取得较大一点的胜利，温峤属下毛宝劫取苏峻送给祖约的万斛粮米，并斩杀贼兵近万，"（祖）约由是饥乏"，削弱了苏峻这支最重要同盟军的士气。

不久，陶侃率水军进至蔡洲，屯于石头城西岸的查浦，温峤屯军于沙门浦。苏峻登上烽火楼，远观晋军势盛，始有惧色。

庾亮立功心切，派手下督护王彰进攻苏峻，交战大败。惭愧之余，庾亮把自己的节符送交陶侃请求处分。陶侃派人转告说："古人三败，君侯始二。当今事急，不宜数尔。"

诸军齐至石头城后，都想马上与苏峻决战，陶侃拿定主意，说："贼众方盛，难与争锋，当以岁月，智计破之。"

众人不听，结果真的"屡战无功"。苏峻军队身经百战，早先在江北常和后赵的羯族军队拼杀，骁勇凶悍。

祖约方面，其侄祖涣被毛宝打得大败，合肥戍也被晋军攻占。不久，祖约诸将又暗中与后赵通谋，石聪、石堪等人指挥后赵大军抢渡淮水，里应外合，使得长久以来不得人心的祖约丢弃寿春老巢，逃奔历阳。

祖约败讯传来，苏峻心腹路永等人害怕大事不济，劝苏峻尽诛王导等大臣，清空朝堂。苏峻一直敬重王导，所以不听。

眼见己计不用，路永等人对苏峻也起了二心。王导听闻消息后，反而派人诱使路永归顺自己，并在十月间由路永引路，带着两个儿子奔逃出石头城，跑到庾亮驻军的白石。

双方相持之中，数次交锋，晋军多败。

苏峻的军队，确实都是善打硬仗的士兵。这些叛军不仅不退缩，反而连连掉转头主动进攻晋军在建康周围建立的城垒。白石垒攻不下，他们又猛攻大业垒（今丹阳附近）。陶侃本想派兵救援大业，他手下长史殷羡劝言："我们的兵士不习步战，如果救大业而不胜，则大势去矣。不如急攻石头城，则大业之围自解。"陶侃从之。当时，吴县、嘉兴、海盐、宣城等地战场，官军连连败绩，形势大坏。

然而峰回路转的是，苏峻居然阵亡了。但是与一般的叛乱不同，这次即使首领苏峻被杀，叛军仍旧人心未散。苏峻的司马任让推戴苏峻之弟苏逸为主，继续与晋军抗衡。

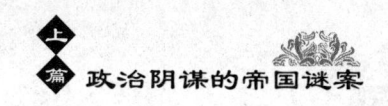

苏峻之子苏硕悲惧之下，找到庾亮父母的坟墓，刨棺焚尸。

苏逸一方，也只能闭城自守。苏峻派去外攻的诸将，闻主帅死讯，也只好纷纷回撤。虽然仍能定住军心阵脚，但苏峻的突然死亡，叛军锐气已泄，只能反攻为守了。

晋朝的冠威将军赵胤也恢复了精神，率军猛攻龟缩于历阳的祖约。眼见城守不住，祖约率家族及亲信数百人北逃，投降昔日他哥哥祖逖的死对手后赵"天王"石勒。

石头城内的晋朝侍中钟雅、右卫将军刘超等人听闻苏峻死讯，暗中准备乘机带着小皇帝逃出石头城，投向四面集结的政府军。谋发事泄，苏逸派任让去捕杀钟、刘两人。看见叛军兵士手执明晃晃的兵刃，把正教自己习字的两个忠臣绑起，粗暴地往外推搡，小皇帝上前抱住两人，悲哭不已，叫道："还我侍中！还我右卫将军！"

任让却当着小孩子的面，结果了刘超和钟雅的性命。成帝小小孩童，还没见过这样血腥的场景，又悲又怕，昏死过去。

公元329年（成帝咸和四年）3月，数路晋军发起总攻，进击石头城。苏峻死后，叛军肝胆已丧，完全不见从前勇悍威猛的战斗力，很快就溃不成军，石头城被攻破。小皇帝被晋将救出，送回温峤的指挥船上。"群臣见帝，顿首号泣请罪"。

兵败如山倒。苏峻之子苏硕及韩晃等人，均在逃跑途中被晋军斩杀，昔日的能军强将，均成为自己人的刀下之鬼。韩晃勇将，被官军包围在高山之上，众人不敢下山。"惟（韩）晃独出，带两囊箭，却据胡床，弯弓射之，杀伤甚众。箭尽，乃斩之。"韩晃着实英勇。可惜如此猛将，

没有在中原同胡人力战而死，却死于东晋汉人自己的内讧之中。

晋军大胜，众人正在论功行赏，诛杀罪人之时，有军士气喘吁吁地跑进来，把王导逃跑时未及带走的象征身份官职的节杖送了回来。陶侃掀髯，笑着说："苏武之节似乎与您老的东西不大一样。"

王丞相老脸一红，也不好回辩什么。

论平苏峻之功，陶侃为侍中、太尉，封长沙郡公，郗鉴为侍中、司空，南昌县公，温峤为骠骑将军，始安郡公，卞壶及死难诸臣皆加赠官谥号。激起兵变的庾亮上书诉罪，"欲阖门投窜山海"，又假装全家上船，准备外出京城当老百姓，结果，当然被"优诏"拦阻，仍封为豫州刺史，出镇芜湖。

苏峻为什么起兵？

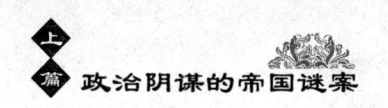

成帝咸和元年年底，北方的后赵军队猛攻坐镇寿春的祖约。祖约多次上表请求救兵，朝廷始终不以理会。

寿春城坚，强攻不下，后赵军队就进犯淮南诸地，杀掠五千多人。这样一来，直接威胁到建康政府的统治，庾亮等人急忙下诏命王导为大司马，驻军江宁，以抵御后赵兵。

危急时刻，幸亏苏峻派大将韩晃出击，打跑了后赵石聪所率的羯族军队，危机得到暂时缓解。庾亮为了防止后赵军队再来，又准备在江南防线内开挖大塘充水作沼泽，使敌军骑兵不得驰骋。虽然此举有利于防御，但也就把寿春城孤悬于大塘之外。本来祖约就深恨朝廷前番不派救兵驰援，闻知此讯，愈加怨恨。

后赵侵逼之患刚去，庾亮不仅没有厚赏击敌有功的苏峻，反而想先发制人，征召身在历阳的苏峻入朝，削夺他的兵权。

王导老谋深算，劝庾亮说："苏峻必不奉诏，不如暂先包容他，慢慢相图。"

庾亮不听。众臣朝会之时，他大言道："苏峻狼子野心，终必为乱。

今日征之，纵不顺命，为祸犹浅；若复经年，不可复制！"

王导不再说话。众臣唯唯，只有光禄大夫卞壶表示反对："苏峻强兵在手，驻镇距京都又近，一天之内就可抵达，一旦有变，易成祸难！"然庾亮仍不听。

在外带兵的大臣——庾亮好友温峤闻讯，也写信多次劝阻庾亮，皆不听。

"（苏）峻少为书生，有才学，仕郡主簿。年十八，举孝廉"。永嘉之乱，各地士民纷纷筑坞自保，苏峻也在家乡结垒，有数千家归投其下，形成一方非常有影响的地方民兵势力。由于书生出身，苏峻才兼文武，又善抚士众，被当时晋朝的青州刺史曹嶷惦记上，欲率军消灭苏峻。苏峻知道自己远远不是曹嶷的对手，就率部众泛海南渡，归于广陵。"朝廷嘉其远至，转鹰扬将军"。

王敦第一次起兵时，苏峻因卜卦不吉，带军一直迟回不进，退保盱眙。王敦二次起兵，苏峻因自己军力比以往强盛，毅然入建康，讨伐沈充、钱凤。南塘一战，苏峻与其将韩晃奋勇冲杀，首战告捷，奠定了最终的胜局。王敦之乱平息后，朝廷因功授苏峻冠军将军、历阳内史，封邵陵公。

有功于国，威望渐著，苏峻日渐膨胀，加之其"有锐卒万人，器械甚精"，是东晋数一数二的"王牌军"，便"颇怀异志，招纳亡命"，朝廷发饷运粮若有迟误，苏峻"辄肆忿言"，口出不逊。即便如此，乱世重军阀，苏峻其实在起初并没有造反的念头。

听说朝廷要征自己入朝，苏峻很心慌，若真把自己从军队里调回

"中央",威权尽失,说什么也没用。于是,苏峻忙派属下司马入建康拜见庾亮,表示:"讨贼外任,远近惟命。至于内辅,实非所堪。"

庾亮不许。同时,他又派军驻于苏峻军队左右,严加防备。

为了诱使苏峻入朝,庾亮以成帝名义下"优诏",征苏峻为大司农,位特进,命其弟苏逸代领其军。大司农一职,位高职虚。

苏峻上表,恳切地表示:"往昔明皇帝亲执臣手,使臣北拒胡寇。今中原未靖,臣何敢即安!乞补青州界一荒郡,以展鹰犬之用!"

庾亮"复不许"。

苏峻的谋士任让劝道:"将军您求处荒郡而不见许,事势如此,恐无生路,不如勒兵自守。"苏峻大以为然,便不应朝命。

庾亮于是沉不住气了,遣使"讽谕之",其实就是话里带刺、软威胁,命苏峻立刻应召进京。

苏峻大怒,愤言道:"庾亮说我要造反,我入京还能活吗?我宁可山头望廷尉,不能廷尉望山头。往者国危如累卵,非我不济!狡兔既死,猎犬理应自烹,但当死报造谋者!"

起事之前,苏峻派人联络祖约。

祖约一直对朝廷愤恨,马上捎信给侄子祖涣、女婿许柳,让他们协助苏峻。祖约是大英雄祖逖同父同母亲弟,但人品、才能都与其兄判隔云壤。

当初,祖约在元帝手下做官,就是个超级"妻管严",怕老婆怕得要死。某晚在小妾处过夜,他起床小便,被人乱刺一刀。祖约害怕,知道是老婆派人害自己性命,上奏元帝说要放弃在京城的官职。元帝不许,

祖约只能私自跑出京城，躲避老婆的"毒手"，当时被司直刘隗狠狠参了一本。祖逖死后，朝廷命祖约代其兄职，为平西将军、豫州刺史。当时，祖约的异母兄祖纳就密奏元帝，认为祖约"内怀陵上之心，抑而使之可也，如假其权势，将为乱阶"，元帝不听，以为祖纳妒忌其弟贵宠。祖约到任，无才无德，士卒不附。加之后赵军连连围攻进逼，朝廷不加援手，祖约一直怨恨满腹。接闻苏峻密书，祖约大喜，马上加以迎合。

温峤听闻苏峻拒命，便想立刻率军护卫建康。庾亮不予批准，回信说："吾忧西陲，过于历阳。足下无过雷池一步也。"

陶侃居荆州，坐拥上流之地，庾亮对他的疑惧也并非完全是空穴来风。就东晋（连同以后的南朝）而言，荆、扬二州是其政治、经济和军事中心，"江左大镇，莫过荆、扬"。荆州一直是"甲兵所聚"之地，不仅地理位置特殊，物资供应充足，而且荆楚风俗悍勇，又多当地"蛮僚"入充将士，战斗力十分强悍，种种优势，几乎占全。建康位居下游，虽九重帝居，群臣围拱，但只要荆州兵锋直下，京城马上岌岌可危。

王导的司马陶回曾劝王导："苏峻军队未至，我们应切断阜陵，坚守江西诸渡口，彼少我众，一战可以制胜。如不先发制人，苏峻必占据阜陵，到那时人心骇惧，就难与其争锋了！"王导转告庾亮。庾亮不从。

果然，苏峻军队先发，将韩晃、张健攻陷于姑孰，东晋军队的粮米军资、舟船器械，尽落入苏峻之手。

建康大惧，京师戒严。朝廷授庾亮都督征讨军事的大权，派左卫将军赵胤为历阳太守，命宗室左将军司马流带兵屯驻慈湖以抵御。328年正月，温峤也入援建康，屯军于浔阳。

司马流素无计谋，本性又怯懦，"将战，炙不知口处"。苏峻军一攻而捷，杀掉了司马流。

苏峻连同祖约派遣的祖涣、许柳，三人共合军两万多人，渡过横江（今安徽和县），在陵口屯军。其间，晋兵数次来战，皆大败而去。苏峻、祖涣等人的兵士作战经验丰富，与后赵兵相攻都不会吃亏，所以，同台军（政府主力军）相遇，自然占据优势。

成帝咸和三年三月，苏峻军已经打到建康近旁的覆舟山（今南京太平门附近）。陶回再次向庾亮献计："苏峻知道石头城有重兵守卫，不敢直下，一定会取道小丹杨以南步行而来，应该在半路设伏，忽然邀击，可一举成功。"庾亮当然还是不从。

果然，苏峻从小丹杨迂回而进，而且军队半夜迷路，扰乱不堪，假使晋兵在此设伏，可把苏峻等人一网打尽。

"（庾）亮闻，乃悔之。"

眼见节节败退，三军总指挥庾亮自己不上阵，又下诏派大臣卞壶任方面军统帅，与侍中钟雅等人率军在西陵与苏峻军队交战。双方一交手，晋军根本不是苏峻的对手，一战溃败，死伤数千人。

苏峻军猛攻建康青溪栅，卞壶等人抵御不力，连连后退。苏峻又派人纵火，"烧台省及诸营寺署，一时荡尽"。

大忠臣卞壶背创未愈，与左右力战而死，其二子也紧随其后，赴敌而死。卞壶老母抚尸而哭，叹道："父为忠臣，子为孝子，夫何恨乎！"

云龙门附近，丹阳尹羊曼等人也都相继战死。

庾亮没办法，只得硬着头皮亲自出战，与诸将率兵士在宣阳门列阵。

"未及成列，士众皆弃甲而走"。可见，庾亮是何等不得人心。

无奈，庾亮只得带着三个弟弟与赵胤等人乘船逃奔寻阳，依附温峤。

苏峻兵士冲入建康台城。王导与四个大臣急忙奔入内宫，抱着小皇帝登上太极前殿，共登御床，以身体护卫着小皇帝。

"时百官奔散，殿省萧然"。叛军入宫后，大声喝斥殿上的几个人出殿。

侍中褚翜朗声答道："苏冠军（苏峻军号是冠威将军）来觐见至尊，军人岂得侵逼！"

叛军没接到命令，不知以何态度和礼节对待殿上君臣。再经褚侍中呵斥，真还没人敢上殿。

叛军便一窝蜂冲入后宫，见什么抢什么，连庾太后的左右侍人也遭受劫掠。

苏峻为泄愤，便放纵士兵在京城四处抢夺，"裸剥士女，皆以坏席苫草自障，无草者坐地以土自覆，哀号之声，震动内外"。不仅如此，他们又驱役百官，光禄勋王彬等人都被强迫当苦工负土至蒋山，沿途被叛兵脚踹鞭打，形同奴隶。

"时官府有布二十万匹，金银五千斤，钱亿万，绢数万匹，他物称是"。苏峻命军士全部搜抢一空。

苏峻完全控制建康后，"称诏大赦"，唯独庾亮兄弟不在原宥之列。王导德高望厚，苏峻对他连根毫毛都没动，依旧让他原官入朝，位在苏峻本人之上。

苏峻封自己为骠骑将军、录尚书事；封同盟军祖约为侍中、太尉、

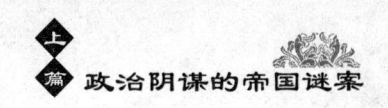

尚书令，许柳为丹阳尹，祖涣为骁骑将军。

被庾亮降职废居于家的弋阳县王司马羕终于盼来"自己人"，他亲自拜见苏峻，猛拍马屁。苏峻一高兴，恢复他西阳王的位号，进位太宰，录尚书事。

万分焦心的温峤在寻阳苦等消息，迎来的却是丧魂落魄的庾亮兄弟。知道建康不守，皇帝落入苏峻之手，温峤放声大哭。

思前想后，温峤只能和庾亮商议平定苏峻之策。两个人一直提防陶侃，如今，也只能厚着脸皮，派人哀求陶侃出兵。

驻屯荆州的陶侃本来一肚子气，马上对温峤派来的都护王愆表示："吾疆场外将，不敢越局。"

温峤哀求多次，但陶侃就是按兵不动。最后，还是王愆一席话，使得陶侃戎装登船。

"苏峻，豺狼也，如得遂志，四海虽广，安有明公容足之地乎？"

于是，众人四处发檄，陈列苏峻、祖约叛逆之状，移告征镇，共同发兵。

"晋朝名臣"的平叛之路

庾亮没了大权后,表现的就不像之前那样独断,总体来说还算中规中矩,他和温峤俩人互相推举对方做义军盟主,温峤的堂弟温充则建议请陶侃来做盟主,温峤于是派人前往荆州江陵,邀请陶侃共赴国难。

陶侃此时还在为自己没有进入顾命大臣的行列而耿耿于怀,于是竟以"我是荆州刺史,不能越界管事"为名给推了,温峤屡次劝解,陶侃就是吃了秤砣铁了心。温峤无奈,只好再派人告诉陶侃,让他不妨先留守,自己率大军东征。温峤部下毛宝此时恰好办事回来,听说此事,赶紧劝阻道:"开创大业应该让天下人全都参与,军队能够取得胜利,主要在于将领们相互团结。"温峤立刻醒悟,赶紧把使节追回,按着陶侃的喜好重新写了封书信送出。这回陶侃果然许诺,派部将龚登率军向温峤报到。

温峤接到陶侃出兵的消息,激动地泪流满面,可没几天,陶侃就改变主意了。于是温峤再苦口婆心地写信劝陶侃说:"大军出动,只能前进不能后退;部队人数,只能增加不能减少。现在已经传令远近州郡,通报由您来作盟主,按计划,各路勤王部队已在会合的路上,可您却召回部队，实在令人疑惑。"然后就是一大段恭维奉承的话。温峤的使者也对陶侃说："苏峻就是头豺狼，一旦权利稳固，天下就没有您的立足之地了。"关键时刻还是个人利益让陶侃动心了，于是换上军服，登舰东下。

郗鉴看到温峤发出的檄文，也是痛哭流涕，率军南下，同时派人先行晋见温峤，向其建议在三吴地带建立堡垒。温峤同意，于是，义军此次讨逆，就开辟了东西两路战场。

5月，陶侃抵达寻阳，庾亮亲自晋见陶侃，向其行叩拜行大礼，陶侃大吃一惊，急忙阻止，庾亮检讨自己的过失，陶侃心中对庾亮的怨恨顿时消失，之前笼罩在义军头顶的疑云也烟消云散。此后，会合后的四万义军顺长江东下，战鼓之声震天动地。苏峻在得到义军东下的消息后，也从姑孰回军，据守石头城，并分出部分兵力抵抗陶侃。

与此同时，王导秘密下令三吴官民，号召他们起兵勤王，会稽郡长王舒第一个起兵响应，此后各郡纷纷起兵。苏峻听说东边也有义军，就派部将管商等人抵御。这路战场互有胜负，双方均无法推进，陶侃于是命郗鉴、郭默再返回东方，以分散苏峻兵力。

西路义军抵达石头城，一串会战下来，石头城仍无法攻克。僵持之下，陶侃特批准了李根的建议，在石头城东北连夜修建白石垒，至此，石头城前后受敌。

可是，随着白石垒的建成，义军也没能取得多大的进展。恰在此时，祖约的部将秘密勾结后赵，答应在后赵进攻寿春时里应外合。石勒派石聪、石堪南下。7月，寿春沦陷，祖约仓皇而逃。得到祖约战败的消息，

苏峻的心腹将领路永等人恐怕大势所趋，难以自保，于是劝苏峻诛杀王导等政府高级官员，苏峻没有采纳，于是路永等人反水，带着王导投奔白石垒而来。

祖约溃败，人心不稳，叛逃事件时有发生，苏峻的形势逐渐严峻。可能事先谁也没料到，苏峻打仗真的是很有一套，义军有名帅陶侃坐镇，又开辟了东西两路战场，还在叛军老巢外修筑了白石垒，总之能用的招都用了，结束还是屡战屡败，并且荆州、徐州等地又与前赵、后赵接壤，受到的牵制就多，义军所能动员的人力、物力本来就有限，最要命的是盟主还时常闹脾气，这样拖的时间长了，内部肯定出问题。

公元328年9月25日，陶侃亲率舰队，庾亮、温峤、赵胤同时率一万步兵出白石垒南下，两路成钳子状向石头城杀来，却大败而回。

恰恰在义军被杀得大败，往回撤的时候，戏剧性的一幕出现了。苏峻正在石头城上慰劳将士，喝得半醉的时候，遥望赵胤军狼狈逃窜，苏峻借着酒壮胆，豪气满怀地说："匡孝能击破盗贼，难道我不行？"于是就带着几个骑兵上去了。陶侃军远远就看见来了几个衣着不一样的，而且人数不多，就暗中下了绊马索，果然将苏峻绊倒于马下，大家一拥而上，立刻就将苏峻剁成碎块。事后验明死者居然就是苏峻，于是三军欢腾，大呼万岁。

这下留在石头城头的人赶紧拥戴苏峻的老弟苏逸当盟主，关闭城门，从此严防死守。

温峤此时建立行台，左手拿着苏峻的人头，右手传令四方，于是朝廷原来的官吏纷纷前来投奔，络绎不绝，而韩晃等人也解除大业大营的

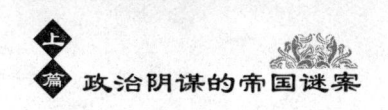

包围，率军返回石头城。

义军此后开始了大范围出击，赵胤的部将攻击祖约，祖约逃跑，投奔后赵，其余部众开城投降。右卫将军刘超、侍中钟雅等人正和司马衍一起被囚禁，但他们始终不离小皇帝左右，还时常给他讲孔孟之说，此时听说苏峻已死，就密谋投奔西方义军，结果事情败露，全被处决，同时苏逸为了泄愤，一把火将皇宫烧为平地。不久，义军攻进石头城，生擒苏逸斩首，韩晃则投奔据守曲阿的张健。

公元329年2月，王允之大破张健军，郗鉴配合王允之行动，在平陵山将张健、韩晃擒获。至此，苏峻叛乱事件平息。

皇宫已被焚毁，司马衍只能暂时移居行宫。此后论功行赏，陶侃功劳最大，晋升为侍中、太尉，封长沙郡公，陶侃原主持荆、湘、雍、梁四州军事，现在再加交州、广州、宁州。其他人等，依功劳大小都有封赏。

陶侃精力充沛，办事公道，并且深谋远虑，深受辖区人民拥戴，也是晋朝的名臣，留下了不少轶事。

下篇

不可思议的帝王的秘闻

　　两晋虽然存在的时间不长,但是,这一时期的帝王却有着不为人知的谜情。他们或者英年早逝,或者无能,这些表象到底是真是假？历史所遗留下的谜案,让帝王们的身世变得神秘莫测。

西晋惠帝司马衷秘闻

在皇权大于一切的封建社会中，皇帝接班人如果仅凭家族血统这一生物因素所选择出来。那么，他的后代不是昏庸腐败之徒，便为年幼愚昧无知之人，真正精明强干者寥寥无几。晋惠帝司马衷真的是无知皇帝吗？

司马衷与皇后羊献容的乱世情缘

羊献容被立为皇后，是赵王司马伦扩张自己势力的结果。当时"八王之乱"已到了第三个回合，被贾后利用诛杀了杨氏集团的楚王玮，已被贾后所杀。后赵王、梁王又杀了贾后，致使皇后的位置空缺。于是赵王趁机安插自己人占据这个位置。羊献容的舅父孙弼及堂舅孙髦、孙辅、孙琰四人都投靠赵王，与赵王的头号亲信孙秀合了族。在赵王、孙秀掌权得志之时，这弟兄四个转眼间都平步青云。借这种政治派系发展势力之机，羊献容顺理成章地被安排当了皇后。成都王和河间王是联合讨伐篡了皇位的司马伦的，司马伦、孙秀失败被杀，羊献容被废也是理所当然的。

然而羊献容此后的四起三落似乎又有不同的处理标准。并不管她是否为孙秀党羽，而是把她的废立当作显示权威的一种标志。例如陈眕复立献容，决不意味着给司马伦、孙秀平反，也不是对献容加以甄别，而是认为皇后的废立乃朝廷大事，你司马颖有什么资格废皇后？陈眕要讨伐司马颖，就宣布司马颖的举措全是非法的，因此他恢复了献容的后位。司隶校尉刘暾等洛阳"留台"的负责人再立羊献容，也是这种性质。张方两次废皇后，争的也是这一点：我河间王决定了的事情，你们有什么资格改变？

立节将军周权之所以复立皇后，则是捞取政治资本的性质，企图以此显示自己的合法性。何乔再废后，则是宣布周权非法。到了东海王司马越复后位，更是大捞政治资本，因为他打出的幌子是迎天子还都。使天子与皇后皆正其位，是他的"不世之功"，藉以掩盖他自己篡权的本心。

由此可见，羊献容这个女子是无辜而可怜的。她成了手中有军队的野心家们任意利用的一块招牌，或挂或摔，只不过被他们用来显示威权而已。

永兴初年，张方再次废后。河间王司马颙拟了一份诏书，表示皇后

多次为奸人所立,派尚书田淑到留台赐死羊皇后。诏书不断送来,司隶校尉刘暾与尚书仆射荀藩、河南尹周馥急忙上书表示羊皇后无辜,不该被杀。此举使司马颙相当愤怒,派陈颜与吕朗去逮捕刘暾。刘暾逃到青州,羊皇后才免于一死。惠帝回到洛阳以后,重新迎立羊皇后。之后洛阳令何乔又废羊皇后,等到张方前来洛阳时,恢复后位。

惠帝过世,羊皇后担心如果由皇太弟司马炽继位,他们的关系为叔嫂,自己就不能继续被称为皇太后,便催前太子清河王司马覃入宫,想立他为皇帝,但是没有成功。晋怀帝即位后,称羊氏为惠皇后,居于弘训宫。311年,刘曜攻入洛阳,得到羊皇后,对她相当宠爱,也立她为皇后。刘曜问她:"我比起那司马衷如何?"羊氏回答:"这怎么能相提并论?陛下您是开国圣主,他则是个亡国暗主,他连自己跟一妻一儿三个人都不能保护,贵为帝王却让妻儿受辱。当时臣妾真想一死了之,哪里还想得到会有今天?臣妾出身高门世家,总觉得世间男子都一个模样;但自从侍奉您以来,才知道天下真有大丈夫。"于是刘曜更爱她了。

她不但相当受宠,平日也参与朝政,与刘曜之间生有刘熙、刘袭、刘阐三子。死后葬于显平陵,谥号献文皇后。

羊献容命途之大起大落,起落无常,真正是政治风云的晴雨表。这在中国封建史是个典型。

西晋王朝中的"女主角"？

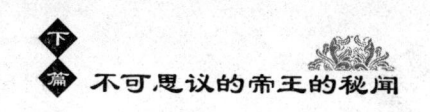

贾南风，其貌不扬，晋武帝称她"丑而短黑"，不宜做太子妃。然而，她却贵为太子司马衷的妃子，继而成为皇后。贾南风之父是西晋的开国元勋贾充，这是她能够与皇太子联姻的主要原因。作为太子妃，贾南风过于残酷，曾亲手杀过人。对此，晋武帝十分愤慨，一度曾想将她废掉，但因外戚杨珧提醒他："陛下忘贾公闾耶？"遂使废妃之事不了了之。可见，贾充在西晋政权中地位牢固，权势显赫。贾南风本人虽是女流，但她善于钻营，精于权术，史称"妒忌多权诈"，使得司马衷既害怕她，又受她的诱惑，喜欢她。

太熙元年（290年）4月，晋武帝去世，太子司马衷即帝位，是为晋惠帝，贾南风被册立为皇后。惠帝黯弱无能，国家政事，皆由贾南风干预。故西晋政权，从贾南风立为皇后之日起，便处于动荡不安中。

贾南风为了掌握朝政大权，采取滥杀无辜，诛灭异己的办法，巩固惠帝的统治地位。晋惠帝的辅政大臣、太傅杨骏皆惨死在贾南风之手。杨骏是晋武帝的皇后杨氏之父。晋武帝自太康灭吴之后，天下无事，遂不再关心朝政，整日沉浸在酒色之中，朝中事务依赖后党杨氏。此时杨

骏、杨珧、杨济位居三公，时号称"三杨"，可谓权倾一时。对于杨骏，尚书褚契、郭奕曾上书晋武帝，说："（杨）骏小器，不可以任社稷之重。"武帝不以为然。司马衷即帝位，任杨骏为太傅，做辅政大臣。凡朝中之事，杨骏必亲自过问，"百官总己"；由于害怕"左右间已，乃以其甥段广、张劭为近侍之职"、"又多树余党，皆领禁兵"；然而杨骏在处理一些重要事情上，常常"谙古义，动违旧典"，于是出现了"公室怨望，天下愤然矣"局面。在对待贾南风的问题上，"骏知贾后情性难制，甚畏惮之"，而"贾后欲预政事，而惮骏未得逞其所欲，又不肯以妇道事太后"。一味专权的杨骏与权力欲熏心的贾南风之间形成了不可调合的矛盾。经过激烈的明争暗斗，贾南风终于在永平元年（291年）三月借汝南王司马亮和楚王司马玮之手，诛杀了太傅杨骏及卫将军杨珧、太子太保杨济、中护军张劭、散骑常侍段广、杨邈、左将军刘预、河南尹李斌、中书分蒋陵、东夷校尉文淑、尚书武茂等，"皆夷三族"。之后，贾南风又矫设废皇太后杨氏为庶人，徙于金墉城，第二年迫害至死。

诛杀杨骏之后，贾南风任用大司马、汝南王司马亮为太宰，与太保卫瓘共同辅政。西晋初期，晋武帝大行分封宗室，然而受封的诸王并没有去藩镇，而是留在京师，有些藩王还掌握有大量的兵权。如楚王司马玮就是一例。诸王的存在，对皇帝的统治极为不利。这时辅政大臣汝南王司马亮，为消弱诸王的权势，力主"遣诸王还藩"，太保卫瓘也完全赞成此举。这就引起楚王司马玮对汝南王司马亮和卫瓘的极大不满。他极力反对晋武帝册立司马衷为太子，贾充对贾南风说："卫瓘老奴，几破汝家"。因此，贾南风对卫瓘一直存在"宿怨"，加上卫瓘现任太保，使得贾南风"不得骋己淫虐"。为了把朝政大权紧紧掌握在手中，贾南风便"谤灌与亮欲为尹霍之事"。永平元年（291年）六月，贾南风又导演了一场"矫诏使楚王玮杀太宰、汝南王亮，太保、淄阳公卫瓘"事件。后又以"擅杀"罪名，诛杀了楚王司马玮。

贾南风大权独揽，完全控制了朝廷，遂大肆委用亲信、党羽，派他们担任重要官职。贾南风的族兄贾模和舅舅郭彰，分掌朝政，后母广城君养孙贾温干预国事。可谓权侔人主，惠帝完全成为贾南风任意摆布的一个傀儡。

由于贾南风只为晋惠帝生了四位公主，为了达到长期有效地控制朝政的目的，"诈有身，内稿物为产物"好长时期深居内宫，不见外人，暗地里把妹夫韩寿之子韩慰祖收养起来。元康九年（299年）阴谋废掉太子，而以她所收养之子代立。

贾南风的"暴戾"和"专制天下"及废黜太子的奸谋，终于引起司马氏宗室诸王的强烈不满和反对。于是右军将军赵王司马伦、孙秀等人"因众怨谋欲废后"。贾南风深知有人打着拥护太子的旗号，想废掉她时，很害怕，于永康元年（300年）三月，借口太子谋反，杀死太子，"以绝众望"。但适得其反，此举激起了宗室诸王更激烈的反抗。永康元年（300年）四月，梁王司马肜、赵王司马伦等率兵入宫，废贾南风为庶人，诛杀了贾南风的党羽数十人。不几日，赵王司马伦又将贾南风杀死。然而，从这年八月，淮南王司马允举兵讨赵王司马伦；西晋宗室之间也开始了互相残杀。贾南风的干政，导致了"八王之乱"的发生，更使西晋"宗室日衰"，大一统的中国，从此陷入了三百多年的分裂割据局面。

晋惠帝司马衷是智障皇帝？

在皇权大于一切的封建社会中，皇帝接班人如果仅凭家族血统这一生物因素所选择出来，那么，他们的后代不是昏庸腐败之徒，便为年幼愚昧无知之人，真正精明强干者寥寥无几。

中国历史上最初的皇位更迭方式是禅让制，即在位君主还在世之时便将统治权让给他人。在某种形式上，禅让是在位君主主动让贤，是为了让更贤能的人统治国家。不过，这一制度只实行了几代就被摒弃了，从此，世袭制代替了禅让制。

何谓世袭制？就是皇帝年老后，将皇权当做传家宝，传给自己的儿子，自此，世袭制垄断了中国历史几千年。

但是，令人意想不到的是，纵观这几千年，正是由于这世袭制的根深蒂固，使得这种皇位继承制为祸不浅。

为何？因为中国历史上的传统皇位继承囿限于狭窄的世袭范围内选择接班人，所以根本无法保证皇帝素质的优化，致使皇位继承的幼儿、智障、浪子、昏庸之徒层出不穷，祸国殃民自属必然。

中国古代史上最动荡、最复杂时期的到来，牵扯到一个有名的傻子皇帝——晋惠帝司马衷。他是西晋开国皇帝司马炎的儿子，也是西晋皇室的第一任继承人。因为傻，司马衷在位的16年形同虚设，司马氏祸起萧墙，朝政废弛。国内的纷争，边疆的不稳，最终导致北方民族的趁机涌入，开始了北方长达130多年的纷争乱世。客观上说，这个傻皇帝加速了五胡十六国混乱局面到来。那么，一向"聪明神武"（《晋书》）的晋武帝司马炎，为什么在自己二十多个儿子当中，偏偏选中了司马衷继任呢？

关于晋惠帝司马衷到底是不是傻子，史学家历来有争议。说其傻，源于《晋书》记载的两个一直当笑话相传的经典事例。一是惠帝"闻蛤蟆声"，就问左右，"此鸣者为官乎，私乎？"问这蛤蟆是为官家叫还是为私家叫；二是"天下荒乱，百姓饿死"，司马衷又语出惊人"何不食肉糜？"众皆晕倒。然而，否认司马衷傻的也不少，吕思勉先生举了"血染帝衣"的例子：司马衷被追杀，侍中嵇绍拼死护驾，血溅了司马衷一身，左右要替他洗去，他说"嵇侍中血，勿浣"（《晋书》），不让洗，意思是留着有个念想。吕思勉评语说此"绝不类痴呆人语"（《吕著中国通史》），认为能说出这种话来的不像傻子。还有一个例子，赵王司马伦逼司马衷禅位，司马衷的堂叔——义阳王司马威去抢司马衷的玺绶，司马衷死活不放手，司马威硬掰开司马衷的手指把玺绶抢去。后来司马衷复位，秋后算账，在量刑时，有人觉得司马威罪不至死，想要皇帝赦免他，司马衷道，"阿皮（司马威的小名）捩吾指，夺吾玺绶，不可不杀"（《晋书》）。这两个例子又似乎都说明司马衷的脑子和正常人一样。

那么司马衷到底是不是傻呢？回答是肯定的。智障，在字典中的解

释为：一种疾病，患者智力低下，动作迟钝，轻者语言机能不健全，重者生活不能自理。司马衷不至于生活不能自理，但智力低下是肯定的。说他是傻子，还有三个理由：一是史书的严谨。《晋书》对司马衷的定语是"蒙蔽皆此类"。《晋书》是唐朝宰相房玄龄组织编纂的，房玄龄一向以治学严谨著称；二是今人分析未必有古人权威。时间相去甚远，今人也只能通过古代留下的史料加以分析（反驳的例子也是源于《晋书》，而该书已有定论），并无绝对的说服性的材料。唐朝离晋朝相去未远，远较今人有发言权；三是例证并不充分。说他不是傻子的两个例子，说服力不够，不让擦血衣，能分出好坏人，这也说明不了什么。

司马炎"素知太子闇弱"（《晋书》），对他这个儿子的智力状况，应该是了如指掌的。那么司马炎为什么还要选一个智障做接班人呢？原因有以下四点：一是舆论导向。司马衷是嫡长子（之前有个哥哥夭折），长子继位符合传统思维。废长立幼也不是不可以，但当时朝中王公贵卿都倾向于立长，司马炎不得不"顺从王公卿士之议"（《晋书》）；二是势力平衡。司马衷的生母杨皇后一系，是当时的大士族弘农杨氏，而妻族一系，则是贾氏家族，在当时朝中都很有实力，其他人未必竞争得过。再者，让司马衷继位，也就笼络住了两大势力集团，形成政权格局的一个平衡；三是父凭子贵。司马衷虽傻，儿子司马遹却"幼儿聪慧"（《晋书》），一次宫中失火，司马炎登城楼观望，5岁的司马遹过去拽住司马炎的衣角，说"暮夜仓猝，宜备非常，不可令照见人主"（《通鉴》）。司马炎感觉这个孩子很不一般，感叹"此儿当兴吾家"（《晋书》），所以司马炎虽知"太子不才"，然而"恃遹明慧，故无废立之心"

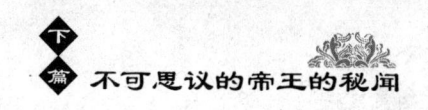

(《通鉴》），坚持让司马衷继位。

最后，还有一个非常关键的原因，便是母后的力挺。司马衷能顺利继位，和他的亲生母亲杨皇后的力挺不无关系。杨皇后"姿质美丽，闲于女工"，不但"甚被宠遇"，还能做司马炎的主。在给司马衷选太子妃时，"帝欲娶卫瓘女"，杨皇后则"称贾后有淑德"，"上乃听之"。司马炎充实后宫，看上了卞氏女，杨皇后不同意，"帝乃止"。这样的例子还有很多，足以说明司马炎是很尊重杨皇后的，杨皇后在很大程度上也能做司马炎的主。所以当司马炎"以皇太子不堪奉大统"和杨皇后商量想换立太子时，杨皇后说"立嫡以长不以贤，岂可动乎"？杨皇后临死还不忘她那傻儿子，怕司马炎立胡夫人为后，而"虑太子不安"，于是向司马炎推荐了自己的堂妹，目的无非就是想保住司马衷的太子位，司马炎"流涕许之"（以上均见《晋书》），答应了杨皇后的政治遗言，也算是对司马衷的接班做出了承诺。杨皇后的力保，让司马衷的太子位变得稳

固，最终得以继承大统。

西晋为什么会成为短命王朝？

西晋是历史上一个短命的王朝，前后不过37年，与另两个同样短命的王朝———秦、隋相比，西晋要默默无闻得多。

这三个王朝有两个共同特点：

其一，其开始都是结束了数百年战乱，是人民翘首以盼的盛世。如秦的统一是终结了战国七雄两百多年的相互攻伐，隋则是结束了近三百年的南北对峙，而西晋也是终结了汉末近百年的地方割据。其二，在开国之初，这三朝都是地大物博、国力雄厚，盛世光芒四射，被时人寄予厚望。但结果却都是昙花一现，皇子登基后，国家陷入混乱，民不聊生，盛世光彩转瞬即逝。

其中，秦、隋两朝是因为治国无方，导致底层叛乱不休，最后朝廷难以控制，终至土崩瓦解。而西晋却完全不同，自始至终没有底层的大规模剧烈反抗（虽有李特率流民起事，但始终偏居西南，对整个朝政没有实质性影响），它灭亡的祸根源于二代接班危机导致的西晋家族高层的内斗。

这种家族内斗时间之长、卷入人员之多，各方仇恨之深，造成危害之大，的确为历朝历代所罕见。

西晋的创建者晋武帝雄才大略，结束了三国分裂的局面，但其在挑选接班人上却极为短视——他固执地挑选了太子司马衷作为帝国的继承者。这位智商近于弱智的晋惠帝自从继位以后，便接连被人玩弄于股掌之间，成为傀儡，导致西晋中枢权力出现真空状态。

先是外戚弄权，紧接着几位实力雄厚的王爷也卷入争斗，为了争夺最高权力，相互残杀。起初，纷争只限于宫廷和首都洛阳，虽是刀光剑影，但伤亡人数有限，对整个国力损耗并不大；而后来，战争愈演愈烈，诸位王爷率领兵马在全国混战，使战事急剧升级，整个国家卷入战争；而发展到最后，司马皇族又开始扶持胡族军队为自己效力，结果引狼入室，使战局完全失控。

由于自相残杀多年，西晋国力耗尽，几无可用之兵；而被引入的匈奴、羯、鲜卑等各族势力趁势揭竿而起，攻陷首都洛阳，占据中原，曾经辉煌无限的西晋王朝就此崩盘使成了历史上短暂的过客。

汉末纷争，曹、孙、刘三家打得头破血流，最后渔翁得利的却是司马家族。

司马家族的爷爷辈司马懿，潜伏装病，干掉了曹魏宗室曹爽；到父辈司马昭时，已飞扬跋扈到"路人皆知"；轮到孙辈司马炎（晋武帝）接班时，虽其并无多大才能，但此时司马家族树大根深，而曹家大势已去，只得无奈禅让司马炎。

此后晋武帝又举兵伐吴，派名将王濬率楼船沿江南下金陵。此时的

东吴是暴君孙皓掌政，三吴之地上下离心。西晋大军一到，他便将自己五花大绑，不战而降。汉末纷争近百年的乱世，最后是在晋武帝手上结束，使人不得不感叹"世无英雄，遂使竖子成名"。

晋武帝虽平庸，没有"气吞万里如虎"的开国大帝气魄，但对臣下和善，治国中规中矩，并不好大喜功，既不学秦始皇造长城，也不同于后世的隋炀帝挖运河，较少靡费民力。西晋一统天下后，由于地广人稀，王朝非常重视农耕，所以治内百姓相对富足，出现了四海康宁的景象，人称"太康盛世"。

但这看似华丽的十年盛世背后却是千疮百孔。

作为帝国的创立者，晋武帝待天下稳定，便已无心进取，专事女色，后宫佳丽达万人。夜晚他在宫内乘羊车随意宠幸，惹得宫女们在住处旁插竹叶，洒盐水，勾引羊儿停下脚步。到后期，晋武帝已公然卖官鬻爵。

而西晋王朝的元老们也多是庸常之人。整个士林好于清谈，缺乏实干，如大臣王衍信口雌黄，却四处逢源。其他高官重臣更是奢靡无度：何曾"日食万钱，犹曰无下箸处"；王武子暴殄天物，用人奶喂养小猪；石崇和王恺斗富时，炫耀的财富让皇帝都相形见绌。一个刚刚建立起来的王朝，君臣上下不励精图治，却忙于享受。

真正把西晋王朝拖入乱局的，是接班人问题。晋武帝在挑选接班人时过于武断，这使得本来就脆弱的"太康盛世"终成昙花一现。

接班之事其实完全不该成为西晋王朝的烦恼，晋武帝手中有多种选择——晋武后宫有将尽万人，名列古今帝王前列，所以他也是儿子成群，共有26子。

但晋武帝的太子司马衷却是个智障患者。由于晋武帝的大儿子司马轨早殇，司马衷排行老二，又是皇后杨艳所出，无论是立嫡还是立长，他都是首选。可他的智商明显低于正常人，举止愚痴，眼神呆滞，生活上只能勉强自理。在两晋十几位皇帝中，他的智商仅比晋安帝司马德宗稍微高一点——司马德宗吃完饭口水还得底下人帮着擦。中国荒唐的帝王特别多，但严重智障的，也就司马家族这两位。

其实晋武帝的其他孩子，以及司马衷自己的一子四女，全都正常，个个聪明伶俐；唯独司马衷一人智商低下，完全违背了遗传学规律。晋武帝的其他儿子，如成都王司马颖、司马炽（后被立为晋怀帝）等皆是相貌堂堂，才智超人，虽此时年纪尚幼，但日后接任帝国绰绰有余。

除子嗣之外，晋武帝的二弟齐王司马攸也非常能干，功勋卓著，曾一度被其父司马昭视作接班人。司马昭在世时，便常拍着自己的座位对司马攸说："桃符，这是你的座位啊。"在晋武帝晚年，朝中更希望成熟稳健的齐王继位，这样能保证王朝的正常接班。

事实上，考虑到太子的能力不适合接班，晋武帝也很是纠结。他两次有过更换太子的念头。

第一次是他主动向皇后杨艳提出皇太子才智不堪继承大统，要另立皇子继位。但皇后杨艳却连忙阻拦："立嫡以长不以贤，岂可动乎？"

而杨艳更深层的想法是，如果更换太子，她的另一儿子司马柬年纪尚幼，并没有十拿九稳的把握。一旦立了别的皇子，后宫必然出现两后争霸的局面。作为外戚，杨家势力则会受到限制。她宁愿稳妥一点，让司马衷继位。晋武帝耳根子一软，就暂时打消了念头。

第二次，在晋武帝得病以后，群臣愈加担忧帝国的接班人问题，几位重臣多次在上书晋武帝。尚书和峤说得较为委婉："皇太子有淳古之风，但如今世道多诈，恐难以料理陛下家事。"而另一重臣卫瓘也趁着酒醉，抚摸御座对晋武帝叹息："此座可惜！"于是晋武帝心中愈加没底。

被朝臣看重的齐王司马攸也在晋武帝驾崩前病死。由于受人蛊惑，晋武帝怕权高名重的弟弟留在朝中会对儿子继位造成威胁，令其去齐国就任。此时的齐王正处病中，不适合上路，便一直恳请暂留朝中。晋武帝却不顾兄弟之情，催促得更加急迫。司马攸只得勉强赶路，经不起半路颠簸，吐血而亡。晋武帝虽有愧意，但也算替儿子扫清了继承的障碍。

不久，晋武帝病逝，司马衷名正言顺地成了帝国掌管者。

为保障王朝的正常运转，晋武帝虽执意让司马衷继位，但还是担忧其不堪重任，驾崩前安排了外戚杨骏和汝南王司马亮共同辅佐朝政。

杨骏是当朝皇后杨芷的父亲，而杨芷正是晋武帝首任皇后杨艳的堂妹。杨艳死时，恳请晋武帝立堂妹为后——此为死前布局，再次夯实杨家势力。晋武帝非常疼爱皇后杨艳，一时心软，便答应下来。杨骏作为皇后父亲，被临危托孤，是自然之事。晋武帝更深层的用心是，杨骏虽出自弘农大族，但在朝中根基尚浅，在皇族和士族中均无有力支持；所以即便他辅政，也难以对皇权构成实质性威胁。

而另一被托孤的汝南王司马亮则是晋武帝的叔叔，在地方和军事上都有过历练，从政经验非常老到。晋武帝安排他与杨骏共同辅佐，是为了保证司马家族一方的利益，使外戚一族不至于过于强大，避免西晋王朝走进东汉外戚篡权的死胡同。

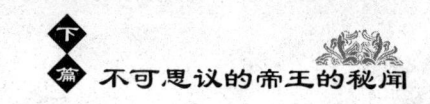

这是晋武帝对日后政局二元结构的设想，外戚和宗室力量相对平衡，不会一家独大，以保王朝公司的正常运营。

但这二元构想在晋武帝死后就马上付诸东流了。晋武帝重疾之时，旁边只有杨骏一人伺候，身边的护卫也全为杨骏所换，禁宫被杨家全部控制。晋武帝任命司马亮的诏书，未及发出，就被杨骏扣留，成了一纸空文。

杨骏加封自己为太尉、太子太傅、都督中外诸军事、侍中、录尚书事，将军政大权全揽手中。他还立即督促司马亮前往封地许昌上任。此时的司马亮进退两难，惶恐不安——既不敢进宫奔丧，又不想立即赴任。此时有人诬告司马亮谋反，杨骏草木皆兵，派人前去捉拿，吓得司马亮连夜逃赴封地许昌，自此结下仇恨。

阴谋暗算：晋怀帝被掳之谜

晋怀帝司马炽，西晋王朝的第三代皇帝。说是皇帝，其实就是一个傀儡罢了。司马炽和他的那个智障哥哥司马衷一样，都是可怜的人。

晋怀帝司马炽被俘之谜

想当年司马炎一共生了几十个子女，司马衷排行老二，而且母亲又是皇后，立为储君那是当然的。司马炽就不同了，他是第二十五子，而且母亲也不是皇后，如果不是兄弟都被杀完了，皇帝的位置怎么排都不会轮到他。

当年晋武帝驾崩前，大封同姓皇族为诸侯王，司马炽也在其中，他被封为豫章王。司马炽虽然也是诸侯王，但他的实力并不强。"八王之乱"时，司马炽并没有参加到那场大乱战之中。司马炽在整个混乱中显得非常的低调，他没有积极扩张自己的势力，也不热衷于交结宾客扩大影响力。他只是一门心思的钻研史籍，想避过混乱。

不过事与愿违，他还是被推到风口浪尖了。晋怀帝在位7年，晋朝政治并无新起色，天下百姓饥馑，流民遍野，百官也大半流亡。朝政混乱和国力羸弱为周边兄弟民族的首领们长驱直入提供了可乘之机。观晋怀帝司马炽的人生，很是不如意。这不如意，归根结底，有一小半来自他的傻大哥——晋惠帝司马衷；另有一多半，来自他的大嫂贾南风。

贾南风是晋惠帝司马衷的皇后，历史传言其长得又黑又胖，又矮又丑。可就是这位丑陋的贾南风，硬是把西晋王朝祸乱成了一锅粥！在贾南风的指挥下，"八王之乱"铿锵上演，司马炽的个人荣辱，沦落于众人股掌之上，成了一种微不足道的调味品。

贾南风先向自己的婆婆杨太后开了火。杨太后是晋惠帝司马衷的"名义辅佐人"，晋武帝死后，她与父亲杨骏执掌大权，是贾南风的头号敌人。按说，杨太后待贾南风不薄。当贾南风还是个太子妃的时候，曾因弑杀宫女引起了司马炎的不满，差点被赶出宫。是杨太后替她求情，这才保住了她的地位。

公元291年，贾南风拉拢了楚王司马玮，借助他手下禁兵，杀了杨太后父女及其亲属、党羽数千人。杨太后死了，大权却没落到贾南风手中，而是年高望重的汝南王司马亮掌握大权。贾南风当然不甘心他人分享自己的"劳动果实"，于是，又巧施诡计，她先唆使楚王司马玮杀掉司

马亮，然后一个回马枪，说司马玮矫旨杀人，图谋不轨，把司马玮也给杀了。

　　一个丑皇后竟害死了两个王爷！其他王爷不答应了。公元300年，赵王司马伦起兵包围皇宫，杀死了恶毒的贾南风。皇后死了，皇帝没有能力治国，大家又不服司马伦掌权。于是齐王司马冏、河间王司马颙、成都王司马颖、长沙王司马乂、东海王司马越相继登场，同室操戈。他们把战火烧到了京都洛阳，烧到了全国各地，"烧"死了万千士兵，"烧"死了无数百姓，"烧"得西晋皇朝徒有其形。直到公元306年，八个王爷中，有七个死去，这场历时十六年的"八王之乱"终于落下帷幕。

　　唯一幸存下来的王爷，就是东海王司马越。正是这个司马越，把司马炽送上了皇位，给了他无上荣耀，也给了他无边的耻辱。司马越在"八王之乱"中胜出之后，实际上已经成了晋国的最高统治者。他挟天子以令诸侯，而晋惠帝司马衷呆傻如旧，当了傀儡也不知，还以为人家是在为自己分忧。面对疾言厉色的司马越，他常露出莫名其妙的傻笑。

　　司马衷的表现令司马越非常生气，于是将其毒害。可司马越又不敢明目张胆地当皇帝，考虑再三，从晋武帝司马炎的子嗣中挑选出司马炽，把司马炽扶上了龙椅。次年改元永嘉，以司马越为太傅辅政。除三族刑，分荆州、江州八郡设立湘州。

　　在司马炽继位的同时，刘渊已经在并州造反，并自称为汉帝。汉军在中原横冲直撞，晋军一点办法也没有。而且更糟糕的是，此时的晋朝内部还在忙于权力斗争。晋怀帝司马炽想废掉司马越，便派人密诏青州刺史苟晞讨伐司马越。当时汉军已经杀到洛阳城下，司马越带领十万步兵出城决战，结果被汉军的骑兵调动的累个半死。汉军没有碰见，却听见司马炽发榜讨伐自己的消息。后来，司马越阵亡，十万大军顿时群龙无首。石勒率两万人在苦县（河南鹿邑）宁平城（河南省郸城县东宁平乡）咬住晋军不放。石勒亲自指挥作战，两万打十万，把晋军打得全军覆没。

这十万人一死，其实也宣布了西晋的灭亡。此时的洛阳城内根本没有任何抵抗力量，而且整个中原也没有成建制的可战之兵。刘聪率军攻入洛阳后，得知晋怀帝等王公大臣逃往长安的消息，便急忙向西追去。匈奴人一顿狂砍，当时就有三万王公大臣丧命刀下。司马炽封的太子司马诠也死在乱军之中，司马炽自己倒是没有死，他被人送到平阳，当作俘虏送给刘聪。

司马炽被送到刘聪面前时，刘聪对他说："卿为豫章王时，朕尝与王武子（济）相造，武子示朕于卿，卿言闻其名久矣……"司马炽听说后，当时也没有话回答了。开始刘聪并没打算杀他，而是封其为会稽公，将其囚禁。

刘聪不杀司马炽，并不是刘聪心地善良，而是他想羞辱司马炽！有一次，正月朝会，刘聪让他给所有的人倒酒。当时在坐的人中有西晋朝的很多旧臣，这些人触景伤情，有不少人哭了出来。结果这一下让刘聪感到非常恼火，不久后，刘聪下令用毒酒毒死司马炽。司马炽死时，年仅30岁，一代帝王，就这样匆匆殒命。

晋怀帝统治时期的"永嘉之乱"

"永嘉之乱"是指晋朝怀帝统治时期中原地区发生的战乱，这时期国内主要矛盾从汉族统治阶级内部转化为汉族统治阶级与割据的少数民族分裂势力之间的矛盾。从晋怀帝永嘉元年的307年到311年五年中，由于晋朝国内没有武备、从永嘉三年起，连续遭受旱灾、蝗灾等严重自然灾害、统治阶级内部的矛盾等因素影响，使内迁割据都城附近的匈奴集团占领洛阳，晋怀帝被匈奴军队俘虏，并且在次年遇害，史称"永嘉之乱"。

从东汉以来，中国西部和北部周边的各少数民族开始不断地向内地迁徙。造成这一状况的主要原因，是由于汉王朝的军事征服以及他们为弥补中原兵力和劳力不足而对各少数民族的招诱。与此同时，周边各少数民族势力的消长变化也引起一些民族迁徙。魏晋之际，在北方汉族人口锐减的情况下，胡族内迁形成高潮。

西晋初年，中国北部、东部和西部，尤其是并州和关中一带，居住着许多处于不同社会发展阶段的少数民族。在汉族的影响下，这些内迁的外族逐渐由游牧转向农业定居，胡汉文化相互影响渗透。但在交融的同时，胡汉亦存在一定的矛盾，例如并州的匈奴人成了汉人的奴婢，而不少汉人也相继沦为胡人奴婢。这些奴婢常常被迫服役，当兵作战，更有甚者被地方官员押往他乡出卖，因而激起了境内各民族的反抗；而各族上层人物亦往往利用本族人民实行割据。连续不断的胡族内迁引起胡汉双方的矛盾，严重动摇了西晋政权的统治根基，大规模的暴动大有一触即发之势。

当时西晋一些官僚也察觉到形势的严重性，于是便有以郭钦、江统为代表，提出"徙戎"的主张。他们建议用武力将内迁的胡族强制徙迁回原住地，并以"内诸夏而外夷狄"的办法隔绝胡汉接触，来防止胡人的反抗。但由于各族内迁及胡汉杂居是历史发展的结果，因而徙戎的主张无法实施。

而此时的西晋王朝却祸起萧墙。在统治集团内部，西晋诸王为争夺中央最高权力，发生了一连串的相互残杀和战争。特别是"永嘉之乱"的大恶斗给人民带来了无穷的灾难。人民又重新陷于苦难的深渊，掀起了大规模的流亡浪潮。尤其是少数民族的贵族分裂势力参加到这场混战中，从而造成了严重的后果。而晋室内部矛盾重重，地方防务不修，连年天灾人祸，使中原沦陷。

永兴元年（304年），匈奴贵族刘渊在左国城（今山西离石）起兵反晋，逐步控制并州部分地区，自称汉王。光熙元年（306年），晋惠帝死，司马炽嗣位，是为怀帝，改元永嘉。刘渊遣石勒等大举南侵，屡破晋军，势力日益强大。

刘渊，字元海，新兴县匈奴人，冒顿之后，曹魏时改姓刘，祖父为

南匈奴单于，父刘豹为匈奴左部帅。西晋太康末，刘渊为北部都尉，后为建威将军，五部大都督，受晋封为汉光乡侯。起兵反晋后自称汉王，永嘉二年（308年）正式称帝。

刘渊死后，其子刘聪继位。次年，刘聪遣石勒、王弥、刘曜等率军攻晋，在平城（今河南鹿邑西南）歼灭十万晋军，又杀太尉王衍及诸王公。永嘉五年（公元311年），匈奴兵攻陷西晋京师洛阳，俘虏了晋怀帝。纵兵烧掠，杀王公士民三万余人。

永嘉之乱后不久，怀帝被匈奴人所杀，其侄愍帝被拥立于长安。这时皇室、世族已纷纷迁至江南、西北、东北。到了公元316年，匈奴兵攻入长安，俘虏了愍帝，西晋至此宣告灭亡。而实际上，"永嘉之乱"早已决定了西晋覆灭的命运。从武帝建立晋朝，到愍帝出降，西晋国祚仅历51年。西晋表面上虽是亡于胡人之手，其实自西晋建立以来，其施政缺失甚多，使政局混乱，内战不休，少数民族贵族中有野心的割据势力乘机利用军事上的优势，建立割据政权。相比晋朝，那些反动的少数民族贵族更加腐朽，不得民心，依靠武力残酷压迫各族人民，政权往往频繁更迭，控制区域也仅仅限于中原少量地区，大部分国土依然被晋朝统治。

"永嘉"以后，胡人盘据中原，他们在武力上是胜利者，但文化上却被汉族同化，五胡的首领多倾慕中原文化，重用汉人，委以国政。如石勒用张宾，苻坚用王猛，北魏拓跋氏用崔浩、李安世，北周宇文氏用苏绰等。其中鲜卑建立的北魏，孝文帝更推行大规模的汉化运动，胡汉相互通婚，泯灭两族界限。其后，胡化的汉人高欢，与汉化的胡人宇文泰更积极地从事民族调和工作。在南方，晋室偏安江南后，随之南迁的中原大族，亦与当地人民及百越等部融和，其中以广州的发展最著名。自永嘉以后，南、北方皆出现了民族融和的局面，扩大了中华民族的内涵；亦调和胡汉文化，汉族文化既吸纳胡族文化的精萃，取长补短，下开隋唐文化。

皇族之间的恩怨

西晋"八王之乱",本来只是司马氏的"家务事",但因为主角是王爷,是皇室成员,结果牵扯进无数身不由己之人,轰轰烈烈地闹腾了16年。晋怀帝司马炽,就是这身不由己之人中的一个。

那八个司马氏王爷要争的,无非是一个"利"字。可是,事情到最后,却让一个姓刘的匈奴贵族渔翁得利,趁司马氏兄弟闹得不可开交之时,抢走了司马氏的江山。

晋怀帝司马炽无心争权,却莫名其妙地被送上了皇位;他不想亡国,却莫名其妙地成为俘虏;他想保留最后的尊严,却被喝令身着青衣,为人斟酒

"八王之乱"毁了西晋,成就了少数民族政权。早在公元308年,匈奴贵族刘渊就趁着天下大乱,自立为帝,建立了国号为"汉"的割据政权。

刘渊把都城设在平阳(今山西省临汾市西南),但他心中的都城,却是洛阳。为了到洛阳当皇帝,他带领他的儿子刘聪,数次向洛阳发起进攻,可是司马越率军顽抗,每次都让他们的部队止步于洛阳城门外。

公元311年夏天，刘聪派大将王弥、石勒等人，分兵数路攻打晋国。王弥、石勒都身经百战，养在温室中的司马炽，自然不是他们的对手。匈奴人长驱直入，很快杀进洛阳城。他们高声呐喊着冲向皇宫，见人就杀，见东西就抢，直把西晋皇宫闹得鸡犬不宁，哭声震天。

司马炽让手下搜集船只，准备走水路逃命。不料，那匈奴兵不仅野蛮，还很精明，他们点起一把大火，把司马炽好不容易才弄来的船只烧了个精光。司马炽慌忙改变线路，带着太子等人逃到后花园，准备沿小路逃奔长安。那"小路"上竟然也有匈奴兵！于是乎，司马炽被俘虏了。

可怜司马炽为了活命，低三下四，忍辱强欢，最终还是难免一死。那一年是公元313年，司马炽的尸体被人胡乱掩埋，不知所终。

司马炽被俘虏的时候，他的侄子司马邺从洛阳逃出来，到了长安。这会儿，听说晋怀帝被杀了，晋国的大臣们推举他当了皇帝，是为晋愍帝。

骄奢淫逸：刘聪与单太后迷情

西晋五胡乱华时候的匈奴人刘渊，建立的政权叫做汉。他自己以为是汉朝王昭君与呼韩邪单于的后代，是刘氏的外甥，就随刘氏姓了刘。刘渊这个人作为皇帝，似乎没有太多的劣迹。他的儿子刘聪却发生了一系列的后宫迷情。

刘聪迷恋单太后之谜

话说汉赵帝国新皇刘聪，登基之时，三十余岁，正值壮年，正该是完成其先帝刘渊未成之事业之际，不想在派出皇子河内王刘粲等领兵攻打洛阳之后，即以为此举定能消灭晋朝，于是开始沉迷于女色之中。

说到刘聪，也是文武齐全，少年时即非同寻常。文的方面，刘聪吟诗作赋，曾作怀念诗百首，作赋五十余篇。书法也不寻常，擅长草书与隶书。武的方面，15岁就擅长射箭，能拉开三百斤的弓，为当时之冠。就是面相，也不同常人。刘聪身高八尺，左耳有一根白毛，长二尺多，很有光泽。传说其母张夫人梦见太阳进入腹中而生刘聪。刘聪交游甚广，20岁时游历京城洛阳，名士都与他结交。五部匈奴的豪强也愿与他交往。

与很多帝王一样，刘聪特别喜欢女色，甚至也到了不同寻常的地步。刘聪一直对单氏情有独钟，还当刘渊在位时，刘聪就总担忧这位年轻貌美且正值芳龄的单氏为其父亲虚度年华。如今刘渊去世，刘聪即位，单氏成为嫡母皇太后，但刘聪无时无刻不在想着独处后宫的这位比自己还小十余岁的皇太后。

公元310年10月，刘聪派皇子河内王刘粲、始安王刘曜领兵攻打洛阳后，刘聪当晚即悄悄进入单太后宫中。单太后的宫女当然无人敢阻，更不敢声张。单太后见皇帝到来，自然非常惊恐，不知所措。刘聪快步向前，满面笑容先向太后问安。单太后不敢正视刘聪，轻声问道："皇上夜晚到此，不知何事？"

刘聪并不慌张，笑道："先帝驾崩已有数月，朕恐太后孤独，特来以报后母也。"

单太后惊恐异常，连连拒绝。

刘聪笑道："朕今晚就宿太后宫中了，请太后不必多虑。"

夜里刘聪果然留宿在单太后宫中，第二日天明方离开。以后刘聪频繁就寝于单太后宫中。刘聪的呼延皇后以及匈奴家族的众臣诸将并无异

议，但有一个人知道后，却无法容忍。

这个人就是刘渊与单太后之子刘乂，他接受不了刘聪这种"以报后母"的做法。当然刘乂也不敢去反对刘聪，毕竟刘聪是皇帝，手握军政大权。这位年少的皇太弟刘乂，进宫拜见他的生母单太后时，单太后对自己的亲生儿子的到来十分欣喜，但见刘乂面有怒色进宫，连忙担忧地问道："皇儿匆匆到此，面有怒容，所为何事？"

刘乂对母后也不请安，质问道："听闻皇上经常到此留宿，可有此事？"

单太后一时不知如何回答，年轻的心一下子猛烈地跳动起来，脸上泛起一片红晕。刘乂见单太后并不作答，紧紧追问道："可有此事？"

单太后只好轻轻点头。

刘乂不再言语，离开宫室。不料随后单太后即自缢宫中，当刘聪赶到时，已香消玉殒了。刘聪伤心异常，竟旁若无人，失声痛哭。过了很久，刘聪才停止哭泣，质问单太后宫女，问何人来过。宫女不敢隐瞒，报说皇太弟刘乂来过。刘聪心明眼亮，知道刘乂一定劝说过单太后，以致单太后羞愧而死。想到这里，刘聪一下子对刘乂有了厌恶，但想到刘乂是单太后之子，也没有决定罢黜刘乂。

荒淫误国的刘聪

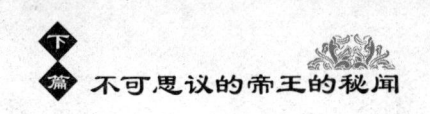

刘聪的呼延皇后死后，因后宫无主，便广选天下美眉。众大臣各自敬献自己的爱女和亲眷。司空王育的女儿、尚书任凯的女儿，大将军王彰的女儿，中书监范隆的女儿、左仆射马景的女儿，右仆射朱纪的女儿一时间脱颖而出，争奇斗艳，都被立为昭仪和贵妃。

太保刘殷为了独享皇恩，竟然把自己两个女儿、四个孙女一同孝敬给皇上。北海王刘乂便说同姓不能通婚。众大臣皆说刘殷是周朝卿士刘康公的后人，陛下乃是天之骄子，同姓不同源，再说陛下富有四海，拥有刘殷的两个女儿四个孙女理所当然。刘聪闻言大喜，便封刘殷的两个女儿为左右贵嫔，四个孙女为贵人。

只可惜，人无千日好，花无百日红，刘聪此时见西晋已亡，愈发暴虐。王彰针砭时弊，差点被赐死。其女被囚宫中。刘聪母亲张太后见刘聪倒行逆施，绝食而死，并且临死时不让刘殷之女为皇后，命自己弟弟的女儿徽光、丽光进宫，立徽光为皇后。后来刘殷不知何故，得病身亡。张太后去逝以后，徽光因为过度悲伤，竟然泣血而亡。

刘聪自嘉平三年（晋建兴二年，314年）十一月立刘粲为相国、大

单于，总管各事务后，就将国事委托给他。自己则开始贪图享乐，次年更设上皇后、左皇后和右皇后以封妃嫔，造成"三后并立"。后来更立中皇后。在委托政务给刘粲的同时，刘聪亦宠信中常侍王沈、宣怀、俞容等人，刘聪因于后宫享乐而长时间不理朝会，群臣有事都会向王沈等人报告而不是上表送呈刘聪。而王沈也大多不报告刘聪，只以自己喜恶议决诸事。王沈等人又贬抑朝中贤良，任命奸佞小人任官。

太宰刘易、御史大夫陈元达、金紫光禄大夫刘延和刘聪之子大将军刘敷都曾上表劝谏刘聪不要宠信宦官。但刘聪完全相信王沈等，刘粲与王沈等人勾结，因此向刘聪大赞王沈等人，刘聪听后即将王沈等人封列侯。刘易见此又上表进谏，终令刘聪发怒，更亲手毁坏刘易的谏书，刘易于是怨愤而死；陈元达见刘易已死，亦对刘聪失望，愤而自杀。朝廷在王沈和刘粲等人把持之下纲纪全无，而且贪污盛行，臣下只会奉承上级；对后宫妃嫔宫人的赏赐丰盛，反而在外军队却资源不足。刘敷见此就曾多次劝谏，刘聪却责骂刘敷常常在他面前哭谏，令刘敷忧愤得病，不久逝世。

因为刘聪的完全信任，王沈和刘粲等人又与靳准联手诬称皇太弟刘乂叛变，不但废掉并杀害刘乂，更趁机诛除一些自己讨厌的官员，又坑杀平阳城中一万五千多名士兵。刘粲在刘乂死后被立为皇太子。

麟嘉三年（318年），刘聪患病，以太宰刘景、大司马刘骥、太师刘顗、太傅朱纪和太保呼延晏并录尚书事，又命范隆为守尚书令、仪同三司，靳准为大司空，二人皆任尚书奏事，以作辅政。七月癸亥日（8月31日）逝世，在位9年。谥号昭武皇帝，庙号烈宗。

拥有皇后最多的皇帝刘聪

刘聪，作为皇帝，如果说有什么个人特点的话，主要的就是他的皇后特别多，创了中国历史的记录。

刘渊死后刘聪即位，立自己的妻子呼延氏为皇后。这个呼延氏，是刘渊皇后的叔父的妹妹，就是说，刘渊的皇后还要把呼延氏叫姑姑。那么，对于刘聪来说，大概属于舅姑奶奶了。如果按照后世中国的家庭伦理观念和婚姻家庭法律，这种与姻亲的尊亲属结合，也是属于应该禁止的乱伦行为。

在刘聪当了皇帝后不久，他就与他父亲的妻子、当时已经被尊为帝太后的单氏乱伦，历史记载叫做"烝"，是古代描写与长辈女性乱伦专用的名词。当年和亲到匈奴嫁给呼韩邪的王昭君，在呼韩邪死后就被呼韩邪的儿子当财产继承过来做了老婆，也可以说是"烝焉"。

刘聪的皇后呼延氏死后，刘聪开始了自己立皇后的盛举。

他先是把刘殷的两个女儿立为左右妃嫔。然后又把刘殷的四个孙女立为贵人。

司马氏洛阳失守，怀帝当了俘虏后，刘聪就把晋怀帝封为会籍郡公，还把自己的小刘贵人赏赐给司马炽，拜为会籍国夫人。以后刘聪毒杀了晋

怀帝司马炽，又收回了他送出去的刘夫人，重新立为贵人。随即立左贵嫔刘氏为皇后。不久，刘聪又把大臣靳准的两个女儿月光、月华纳入宫中，封为左右贵嫔。几个月后，立月光为皇后。这时刘聪有已两个皇后。

又过了一段时间，刘聪把靳皇后改封为上皇后，右贵嫔靳氏封为右皇后，贵嫔刘氏为左皇后。这一下子就有了3个皇后。但有个叫做陈元达的大臣告诉刘聪，上皇后靳氏有淫乱行为，刘聪又废黜了这个皇后，靳氏羞愤而死。这时仍然是两个并列皇后。

此后又立樊氏为上皇后，第二年又封宣怀养女为中皇后。过了一段时间，刘聪又把王沈的14岁养女纳入后宫，封为左皇后。这时候应该有5个并列的皇后，而且有两个左皇后。而史书说，除此之外，佩带皇后印绶的女人，有7个。

中国历史的正统规矩是，皇帝可以有121个编制的老婆队伍，事实上有时突破编制上百倍，但是，同一时候，皇后只有一人，是皇帝的正妻，其他都是妾。但刘聪的皇后队伍却非常庞大，除了元朝的皇帝外，历史上找不出第二个。只能说刘聪还没有接受中国传统的孔孟之道。

刘聪死后，儿子刘粲即位。刘聪留下的如花似玉的后宫皇后，大多年龄不到20岁，正是豆蔻年华，刘粲乐得和这些母后们日夜取乐，哪里还管什么治理大事。而这时候，靳皇后的父亲靳准，磨刀霍霍发动了一场叛乱。刘粲还没有过几天皇帝瘾，靳准的人马就已经杀进皇宫。刘渊、刘聪的后代们不问老幼，全部拉到东市开刀问斩，刘曜带兵在外没有赶上被杀头的厄运，倒是成全了他，使他有机会成为接班的皇帝。而已经死去的刘渊、刘聪的尸体被从坟墓中挖出来，焚尸扬灰。

下篇 不可思议的帝王的秘闻

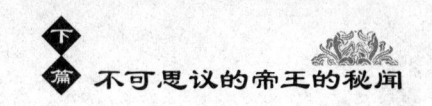

东晋开国皇帝：晋元帝司马睿轶事

中国历史上的开国皇帝大多是以武力或用智谋得天下的大英雄，只有东晋的开国皇帝司马睿是靠别人的扶持才当上开国之君的。而且一直受权臣的制约，仅坐了短短五年皇位就郁郁而终。他既是中国历史上最失败的开国皇帝，也是中国历史上在位时间最短的一位开国皇帝。

"私生子"晋元帝司马睿

《晋书》里说司马睿实际并非司马家的子孙，而是母亲夏侯氏与一个牛姓小吏的"私生子"。

这一说法最早出自孙盛的《晋阳秋》。孙盛出生于西晋末年，仕宦

于东晋，以史学家的身份留名于后世，《晋书》第八十二卷替陈寿、司马彪、习凿齿等晋朝有名的史学家立了传，孙盛也名列其中。孙盛的主要作品是两部断代史，分别是记叙曹魏历史的《魏氏春秋》与记叙两晋历史的《晋阳秋》，如今这两部书已经散佚殆尽，只残留零星篇章。

在《晋阳秋》残本中有这么一句话："又初元石图有'牛继马后'，故宣帝深忌牛氏。遂为二榼，共一口以贮酒。帝先饮佳者，以毒者鸩其将牛金，而恭王妃夏氏通小吏牛钦，而生元帝，亦有符云。"

这句话明白无误地指出晋元帝的生父并非西晋第二任琅琊王司马觐，而是一个叫牛钦的小吏。若是仅仅考虑孙盛与晋元帝是同时代人，亲身经历过两晋之交那纷纷扰扰的岁月，这话似乎可信；但是如果考虑到孙盛在东晋为臣，却奋笔直书开国皇帝是个私生子，这未免太不可思议；而更不可思议的是晋朝人的反应，《晋书·孙盛传》里评论说"《晋阳秋》词直而理正，咸称良史焉"，可见《晋阳秋》写成之后，在当时广为流传，东晋的臣子看了都说是"良史"，孙盛本人也没有因为宣扬皇帝的血统不正而受到任何制裁，活到72岁寿终正寝，这岂非咄咄怪事？

《晋阳秋》残本中的这句话包含着一个谶言，内容是"牛继马后"，这个谶言被认为暗示着晋朝的衰落不可避免，将有一个姓牛或者与"牛"有关的人物取代司马氏。

这个谶言是有利用价值的，而且确实有一股势力在利用这个谶言攻击东晋皇室，不过肯定不会是孙盛。

《晋书·孙盛传》里记叙了这么一件事：数年前东晋权臣桓温北伐，在枋头这个地方遭遇前燕大将慕容垂，惨败而归，事后桓温一直引以为恨。孙盛在写作《晋阳秋》时秉笔直书，并没有替权臣隐讳。书成之后桓温大怒，当面威胁孙盛的儿子说："枋头之役诚然失利，也不至于如你父亲说的那么严重。倘若这本史书通行于世，小心你们全族的性命！"

孙盛的儿子很害怕，回家请求父亲删改。孙盛当时年近古稀，却老而弥坚，他当庭训斥儿子，表示一字不改；孙盛的两个儿子与众多孙儿一起跪下痛哭，恳求孙盛为全族上百口人的性命着想，孙盛大怒却又无可奈何，只好默许。

孙盛的儿子于是修改《晋阳秋》掩饰枋头惨败，但是孙盛为人狷介，不甘心屈服于桓温淫威，他将一部未修订的《晋阳秋》寄给北方的前燕皇帝。桓温鞭长莫及。数年之后，晋元帝的孙子晋孝武帝特意派人去辽东求得北方版本的《晋阳秋》，与江南版本一对照，内容有多处不同。

由此可知，《晋阳秋》其实分南、北两个版本。南方版本已经被孙盛的儿子篡改过，那么，北方版本是否就是原本呢？也不一定，它恐怕也已被人挟带了私货，残本中那一句"牛继马后"的谶言，很有可能就是前燕政权的杰作。

由于史料的缺乏，以上结论只能是猜测，不过这个猜测并非空穴来风，因为前燕政权在当时有足够的动机去抹黑东晋。

前燕是东晋十六国之一，它的前身是鲜卑慕容部。西晋时期，慕容部的酋长慕容廆（guī）一度臣服于晋朝，被任命为"鲜卑都督"；西晋末年天下大乱，慕容部趁机扩张势力，吞并了高句丽与鲜卑宇文部地盘。当时北方最强大的政权是羯族人石勒创建的后赵，后赵对前燕一直虎视

眈眈。出于远交近攻的战略需要，慕容廆对东晋称臣，接受东晋任命的都督官职与"辽东郡公"的爵位。

公元337年，慕容廆的儿子慕容皝（huàng）建立燕国，史称前燕。前燕在建国之初依然表面臣服于东晋，但随着后赵的日益衰落，前燕的日益强盛，继续臣服于东晋不再能满足前燕的利益。公元349年，后赵发生内乱，前燕趁机发动进攻，向南蚕食；公元352年，前燕消灭冉魏，成为北方第一强国。此时前燕的南部边境已与东晋接壤，双方沿着淮河一线已经有领土纠纷。

前燕既然已经羽翼丰满，自然不可能再向东晋称臣。公元352年十一月，燕王慕容儁（jùn）在蓟城称帝，他对东晋派来的使者说："还白汝天子，我承人乏，为中国所推，已为帝矣。"慕容儁自称"为中国所推"，言下之意就是说东晋只是偏鄙小邦，我大燕才是中原正朔。

孙盛写作《晋阳秋》的那几年，是前燕与东晋交战最频繁的时期。军事上，前燕并不落于下风，它接连从东晋手中夺得河北、淮北等地；但在文化认同上，前燕则处于绝对的弱势。

这个时候，在江南获得广泛赞誉的《晋阳秋》出现在北方。《晋阳秋》为何到北方来？因为它触犯了时讳。

由于处于敌对状态，很少有北方人能够到江南去，但是好奇心人人有之，《晋阳秋》详细平实地记述了东晋现状，一到北方必受瞩目。想象一下，如果这部书批露"东晋的开国皇帝是个私生子"，说有一个"牛继马后"的谶言早就预示了这件事。那么这个爆炸性的秘闻就可以在一定程度上割裂西晋、东晋之间的继承关系，打击东晋政府的"正朔"形象。

所以说前燕政权有足够的动机去篡改《晋阳秋》，将晋元帝污蔑为一个私生子。前燕政权不久就灭亡于前秦，但"晋元帝是私生子"这个谣言却生命力顽强，在北方流传甚广，经久不衰。十六国之后，中国历史进入了南北朝对峙时期，此时的正朔之争比先前更加激烈，南北双方都标榜自己才是正统，彼此口出恶言，南朝写史称北朝为"索虏"，北朝写史称南朝为"岛夷"。

在这样的背景之下，北朝人自然不会有兴趣去彻查所谓的"晋元帝是私生子"是真是假。到了公元551年左右，即《晋阳秋》面世两百年之后，北齐臣子魏收撰写《魏书》，书中有晋元帝的传记，传记名称叫《僭晋司马睿传》。这个"僭"就是"僭越"的意思，意思是说北方政权才是正朔所在，东晋皇帝都是僭主，是没有资格称皇帝的。

魏收也采信"晋元帝是私生子"的说法，甚至以讹传讹，错得更加离谱。《魏书》中如此写道："睿字景文，晋将牛金子也……琅琊恭王觐，觐妃谯国夏侯氏，字铜环，与金奸通，遂生睿。"这明显是在胡扯了，牛金与司马懿同辈，琅琊王司马觐则是司马懿的孙儿，夏侯氏嫁入司马家的时候，牛金即使还没病死也已是风烛残年！

又过了约莫一百年，唐朝的房玄龄、令狐德棻等人奉唐太宗的命令修撰《晋书》。唐朝脱胎于北朝，令狐德棻等人没有摆脱那个流传了近三百年的传言，也采信了"晋元帝是私生子"的说法，并将这一说法写入了《晋书·元帝纪》中。

在这一系列错综复杂的政治、历史原因作用下，晋元帝最终坐实了"私生子"的名号。

最失败的东晋开国皇帝司马睿

西晋于265年由晋武帝司马炎取代曹魏政权而建立，定都洛阳，这朝代存在仅51年。公元290年晋武帝去世，其次子晋惠帝司马衷继位。在司马衷当政之际，发生了中国历史上一次著名的叛乱事件，史称"八王之乱"。

东晋的司马睿王朝就是在这样的背景下产生的。司马睿本来不是西晋皇朝的正脉，他的祖父司马伷，是司马懿的第五子，为司马懿小妾所生，因此特别聪明。司马伷生性纯良，宛如其叔父司马孚，他年轻时就有才能和名气，在魏仕官至征虏将军，曾经劝阻过欲夺回政权，却有杀身之险的曹魏皇帝曹髦，西晋代魏后被封为东莞郡王，入朝为尚书右仆射、抚军将军，又外放为镇东大将军，镇守下邳，治御有方，得将士死力，吴人都很顾忌他。后来，司马伷改封为琅邪王，参加灭吴之战，兵出途中，接受吴帝孙皓的投降，战后官升大将军、开府仪同三司。司马伷既是皇亲，又有平吴大功，但他严格要求自己，表现得谦恭节俭，没有骄满之色，他手下的官吏办事尽力，百姓也乐于接受教化。司马伷老婆诸葛氏，是诸葛靓之姐，诸葛诞之女，诸葛亮之

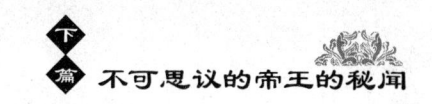

族孙女。

司马睿的父亲司马觐（256~290年），字思祖，是司马伷的长子。其一生也没有显著的事迹。太康四年司马伷去世时，晋武帝命司马觐承袭其父亲的王位，官拜冗从仆射，又封司马伷次子司马澹为武陵王，司马繇为东安王，司马漼为淮陵王。司马觐的妻子是夏侯渊的曾孙女夏侯光姬，太熙元年，司马觐去世，时年三十五，谥号恭王。子司马睿承袭父亲的王位。

司马睿承袭琅琊王位时才15岁。在这个年龄应该还是一个没有什么经历和作为的阶段。当时正值"八王之乱"，司马睿在琅琊安心做王位，至"八王之乱"后期，东海王司马越控制晋朝实权，司马睿便依附于司马越，越以其为平东将军、监徐州诸军事，留守下邳。汉主刘渊举兵后，中原局势恶化，司马睿在琅琊世族名士王导的参谋下，请移镇建邺（今江苏南京）。朝廷遂于永嘉元年命为安东将军、都督扬州诸军事，九月南下。建兴四年汉刘曜陷长安，俘愍帝，西晋亡。次年三月，司马睿即晋王位，始建国，改元建武。"备百官，立宗庙社稷于建康"（《晋书·元帝纪》）。当年年底，饱受羞辱的晋愍帝被刘聪杀死。司马睿于318年即皇帝位，改元太兴，据有长江中下游以及淮河、珠江流域地区，史称东晋。

司马睿的东晋王朝主要依靠二王势力，即政治上由王导主持，军事上依靠王敦，时人有"王与马，共天下"之说。

公元318年，司马睿在建康称帝时，王导进封为骠骑大将军、仪同三司。在隆重的登基典礼上，文武百官陪列两旁，司马睿却当众提出让

王导"升御床共坐"。王导推辞,说,"若太阳下同万物,苍生何由仰照。"至三四次,司马睿"才不相强"。这便是历史上著名的"王与马共天下"(注:见《太平御览》卷四九五引《晋中典书》)的故事。皇帝即位居然要大臣共坐御座,由此可见晋元帝司马睿的弱势,从中亦可知当时王导家族权势之极。

皇帝要求臣下同坐御床共治天下,在中国几千年的历史上实属罕见。当时王导已成为东晋政权的实际领袖,"朝野倾心,号为仲父"。其从兄王敦,则贵为镇东大将军、开府仪同三司,加都督江、扬、荆、湘、交、广六州诸军事、江州刺史,封汉安侯,掌握长江中上游的军队,统辖州郡,贡赋入己,将相官吏多出其门。时以王导和王敦为首,琅邪王氏的兄弟子侄分别把持了东晋政权的主要职位。

由于当时晋元帝是依靠北南两大世族集团的扶持而上台的,故王导的治国政策是"抚绥新旧,清静为政。"实质就是纵容并保持豪族的政治和经济主导地位。历史上有一个"网漏吞舟"的成语,指的就是当时的政治情景。网漏,谓法网疏宽。吞舟,指大鱼,比喻大奸。原意指网眼太宽,把能吞舟的大鱼漏掉了,后比喻法律太宽,使重大的罪犯也能漏网。

司马睿在刁协、刘隗、戴渊等人的支持下,两次下诏整理吏治,与王导的"清静为政,抚绥新旧"唱反调。他命令各级官吏"祗奉旧宪,正身明法,抑齐豪强,存恤孤独,隐实户口,劝课农桑",还要求"州牧刺史当互相检察,不得顾私亏公。长吏有志在奉公而不见进用者,有贪惏秽浊而以财势自安者,若有不举,当受故纵蔽善之罪;有而不知，当受闇塞之责"（《晋书·元帝纪》）。并以刘隗为刑宪，"用申韩以救世"，开展起"以法御下"的运动。刘隗为人耿直，忠实地执行"以法御下"的方针，坚持排抑豪强，不避权贵的原则，对违反封建礼教、不遵法度和上侵皇权的行为坚决地予以举劾。刘隗法不阿贵，不畏强御，他将矛头直指当权的门阀世族。汝南周顗，是东晋政权的台辅重臣，权势颇重。有一次，庐江太守梁龛居丧请客，周顗与三十多人赴宴。刘隗奏免梁龛官，削侯爵，以明丧服之礼；周顗等人则明知梁龛居丧而仍然赴宴，宜各给予剥夺一个月俸禄的处分，以肃其违。晋元帝从之。而后，周顗的弟弟周嵩不能奉法，擅自砍伤门生二人，又砍伤前来纠察的建康左尉。刘隗因此再次弹劾周顗，周顗被免官。针对权倾朝野的琅邪王氏家族，刘隗也不留情面。南中郎将王含以族强显贵，骄傲自恣。一次，他辟召僚佐和地方守令二十多人，多是佞幸心腹，才不堪任。刘隗劾奏，只是因晋元帝畏于王导，此案才被按下而未审理。但是，刘隗并未因此气馁。当时，"用法不及权贵"之弊十分严重，执法不公，用法不严，故有"延尉狱，平如砥，有钱生，无钱死"的民谚。建兴中，丞相王导府中的督运令史淳于伯被冤杀。刘隗为其申理冤情，指责具体负责此案的从事中郎周顗、法曹参军刘胤等人刑杀失于公允，不能胜任其职，请皆免官。其矛头直指周顗等人的后台王导。

王导在司马睿政团的攻击面前，并不让步。他派遣八部从事巡行扬州诸郡，表面上贯彻实施司马睿的方针，实际上在观察群臣的动向。据

《晋书·顾和传》载:"既而(王)导遣八部从事之部,(顾)和为下传还,同时俱见。诸从事各言二千石官长得失,(顾)和独无言。(王)导问(顾)和:'卿何所闻?'(顾和)答曰:'明公(即王导)作(首)辅,宁使网漏吞舟,何缘采听风闻以察察为政。'(王)导咨嗟称善。"王导对顾和大加赞扬。朝中大臣们见此又都围绕在了王导周围。在王氏兄弟和其他世家大族的强烈反对下,缺乏执行集团的司马睿政改又回到了王导的老路线上。

虽然晋元帝司马睿是中国历史上最失败的开国皇帝,但东晋王朝的建立,使得江南的名士与渡江的中原人士有了更多的交流机会,促进了社会经济文化的大发展。同时,东晋年间也是中国文学发展一直处于大步前进的时期,出现了山水诗人谢灵运、田园诗人陶渊明等,他们对旧体诗作出改革,为后来隋、唐的诗文盛世创造了前提条件。在社会生产上,北方的手工业技术与南方的技术相互融合,使东晋的手工业水平比西晋有了大幅度的提高。比如越窑青瓷的生产,造型更加精美。又如南下的北方农民和土著农民辛勤劳动,开辟南方广大的山泽荒野,拉动了江南的开发,促进了长江流域的经济发展。

不管怎样,东晋元帝司马睿虽然在政治上失败了,但他的创立东晋为汉文化的保存和发展作出了巨大贡献。在东晋以前,黄河流域是华夏文明中心,也是各种先进技术和文化的发源地。五胡乱华期间,北方惨遭屠杀掠夺,中原文明发展陷于严重的衰落。而由北方抵长江一带的汉人已有百万以上。从迁移人口构成看,应属于精英迁徙,其中一部分是门阀士族，这些人大都有知识、财富和治国经验；一部分是劳动人民中生产经验比较丰富的工匠和手工业者，其中相当部分为青壮年劳动者。这些人的南迁，对南方经济的繁荣起着巨大的推动作用。也使得华夏文明成果在东晋、南朝时期，幸运地在良好的环境下得以保留和发展，成为隋、唐、宋时期的宝贵种子，而不是像北方那样濒于失传。这是此后中国文明能够持续领先于世界的不可缺少的因素。

晋元帝司马睿与滁州琅琊山

滁州名胜琅琊山,素有"江淮翡翠"之称。方圆400多平方公里的山境内,群峰浮翠,葱郁苍茫,蔚然深秀;山峦耸然而特立;山势漫坡逶迤,奇峻而秀;九洞十一泉,令人流连无限。今日的琅琊山,是国家级森林公园。透过时空的烟云,我们眼前还会依稀呈现出一幕幕群雄逐鹿的历史画卷——铁马金戈、刀光剑影,灵与肉的厮杀,善与恶的较量。因为琅琊山地处江淮要冲,为九省通衢之交通、军事战略要地,所以,两千多年来,这里相继走过了刘邦、项羽、司马佃、司马睿、赵匡胤、朱元璋、李秀成等一大批历史风云人物。而其中的"司马氏族",犹如"飞鸿踏雪泥",更是给琅琊山蒙上了一层神秘的"皇室的纱幔"。而琅琊山的山名,就是得自于司马氏族祖孙三代的"琅琊王"王号。据历代《滁州志》和《琅琊山志》的记载,滁州琅琊山因两晋的琅琊王而得名。

如民国初年的《琅琊山志》,琅琊寺住持僧达修在"序言"中说:"琅琊山,东晋元帝驻跸之所"。这本《琅琊山志》的主修者、滁州乡贤章心培在"序"中也说:"吾滁之有琅琊山,以东晋琅琊王得名。"并举例有三:一是晋元帝居琅琊邸,其为镇东也,尝游息是山,厥迹犹存

(此语源于唐代独孤及的《琅琊溪述》);二是东晋元帝,初为琅琊王嗣,以逃难浮江回翔于此(此语源于《宝应寺碑》);三是(宋)王禹僻"留题琅琊诗注"云:元帝为琅琊王渡江尝住于此。

明代主修元史的宋濂,于洪武八年陪同皇太子去中都,途经琅琊山,撰写了《琅琊山游记》。文中说:"臣闻琅琊山在州西南十里,晋元帝潜龙之地,帝尝封琅琊王,山因以名。"

除以上例证之外,还有其他散见于各类"史志文献"的记载,对于"琅琊山以晋元帝驻跸而得名",都是说法一致。但是,如果具体地探究一下,无论是"平吴大将军"的琅琊王司马伷,或者是先为琅琊王、后为晋元帝的司马睿,他们是因何时何故来过琅琊山?这却是一个很大的历史空白点,虽然已查无实据,但是,毕竟事出有因。

我们首先来说说"琅琊王"。琅琊,本是个地名。公元前219年(秦始皇二十八年)秦始皇来到了山东胶南的黄海之滨。这里在春秋时属齐国的领地,叫琅琊邑。秦始皇登临后,在这里建了琅琊台,并立了石碑,同时设置了琅琊郡。到了东汉时这里改置为琅琊国,到了魏晋时,这一带又增置了东莞郡。属琅琊国所辖,因为琅琊国的封地已经逐渐向西发展,扩大到了山东的临沂、费县、苍山、蒙阴以及苏皖之北、河南东部的地区。

西晋咸宁三年,由司马炎新建的西晋政权已经是第十三个年头了,其西部四川的蜀汉国早已被西晋消灭,而以金陵(今南京市)为中心的江东东吴政权尚在苟延残喘。于是,司马氏族全体准备东征。这一年,晋武帝的叔叔司马伷由东莞王晋升为琅琊王。这位司马伯是西晋王朝的

元老派和实力派。说他是元老派，因为他是三国时曹魏大将军司马懿的第五个儿子。司马懿是一个野心勃勃，深谙韬晦之略的政治家和军事家。他由曹操手下的一个县级小主簿，一步一步爬到了大将军的位置，并且掌握了魏国的军政大权。他也是一个众所周知的传奇人物，在小说《三国演义》和京剧舞台上，有许多关于他的生动的传奇故事。诸葛亮《失街亭》《空城计》的主角对手就是他。司马懿死后，"大将军"的位置传给了他的长子司马师，司马师为进一步控制魏国的实权，自封为相国。不久，司马师去世，司马懿的次子司马昭继承了相位。

这时，魏国的皇帝曹髦只是一个傀儡了，只能发出"司马昭之心路人皆知"的千古慨叹。公元263年，司马昭发兵消灭了蜀汉，自称晋王。

两年以后，司马昭的儿子司马炎代魏称帝。封建社会的政治制度是一种宗族门阀分封制。晋朝的江山是通过谋篡得来的，所以，司马氏家族掌握了政权以后，更是大搞宗室分封，家族内的兄弟都被分封到各地去当诸侯国的王，而且还要按照官品分配田地和人口。司马伷被分封到了膏腴之地的琅琊国。这里幅员辽阔，人口众多，这就不仅说明对他的待遇很优厚，而且说明他的势力是很强大的。所以，在这次"东征伐吴"的战争中，司马伷被授予"镇东大将军"的显赫地位，统领六路大军，沿长江一线三面包围了金陵。

公元279年，"司马伷率军出涂中"。这是《晋书》中记载的历史史实。这个"涂中"指的就是滁州一带，"涂"字实际应该读作"滁"音。据载，在此之前的30多年的东吴赤乌十三年，东吴大帝孙权曾派遣十万军士在长江北岸"筑堂邑涂塘，以淹北道"。堂邑就是现在的江苏六合县，位于滁河的下游。当时的滁河称为"涂水"，在下游筑坝拦截入江的涂水，形成塘坝，目的就是阻挡魏军南侵。由此也可见，司马伷这次军事行动的主要大本营就在长江北岸的滁州一带。

就在这年的冬季，昏庸无能的东吴后主孙皓，"遣使送玺"，向司马炎请降。

而到了第二年的二月，龙骧将军王浚的水师从长江上游抵达建邺的石头城，孙皓"面缚与榇"，向王浚投降。"面缚与榇"就是让人把自己绑起来，同时还抬着棺材，表示乞求活命。这一年东吴灭亡了。事隔500年之后，唐代诗人刘禹锡在《西塞山怀古》一诗中描写了当年的历史情景："王浚楼船下益州，金陵王气黯然收，千寻铁索沉江底，一片降幡出石头。"

不久老琅琊王司马伷去世，王位由他的儿子司马觐继承。而这一年，老琅琊王的孙子已经3岁，名叫司马睿，就是后来也继承了琅琊王王位，并且最终当上了东晋王朝第一代皇帝的晋元帝。

东晋皇帝司马睿的身世之谜

宗室战争把本来就不稳固的西晋王朝闹得鸡飞狗跳，而边疆地区的少数民族也乘机反对西晋的统治，对于这个岌岌可危的王朝来说，无疑是雪上加霜。永嘉元年，琅琊王司马睿与弋阳王司马羕、南顿王司马宗、汝南王司马佑、彭城王司马纮率军南下，镇守建业，开始了江东的统治，所以史书上说"五马浮渡江，一马化为龙"，这一马就是东晋的开国皇帝司马睿。司马睿南下后逐渐立稳脚跟，得到琅琊望族王导的支持，所以江东的士族也纷纷归附，才能够开启东晋王朝的大门，然而很少有人知道，司马睿和三国蜀汉丞相诸葛亮之间的关系。

那司马睿和诸葛亮有什么关系？诸葛亮是司马睿的外曾祖父，我们都知道诸葛亮是琅琊阳都人，父亲诸葛珪做过泰山郡丞，但不幸的是，诸葛珪在诸葛亮很小的时候就过世了，所以诸葛珪的子女都是由叔父诸葛玄养大的。后来诸葛亮的大哥诸葛瑾投奔了孙权，成为股肱之臣，而诸葛亮和弟弟诸葛均被叔父带到荆州躲避乱世，隐居隆中。然而司马睿的祖父司马伷是司马懿的第五个儿子，司马伷年轻的时候很有才能，性格也很温和，官至征虏将军，西晋建立时为东莞郡王，后来改封为琅琊王，并且参加了平吴之战。司马伷死后，长子司马觐继承了他的爵位，而司马觐就是司马睿的父亲。

这里还看不出诸葛亮和司马睿的关系，其中有一个重要的人还没有介绍，就是曹魏末年"淮南三叛"之一的诸葛诞之乱，诸葛诞是谁呢？诸葛诞和司马懿是儿女亲家，司马伷的老婆是诸葛诞的女儿，想当年，司马伷的哥哥司马昭也没有顾及亲戚关系，诸葛诞在淮南造反失败后，也没有放诸葛诞一马！

诸葛诞也是琅琊人，和诸葛亮是同宗，同属于西汉司隶校尉诸葛丰的后代，《三国志》裴松之引用吴书的记载，诸葛瑾在吴国为大将军，弟弟诸葛亮为蜀汉丞相，族弟诸葛诞又显名于魏，诸葛氏三兄弟在魏、蜀、吴三国官居显赫，天下人都以为这是他们诸葛家的荣耀。既然诸葛亮和诸葛诞是同族兄弟，那么司马睿就是诸葛亮的侄曾外孙了。

英年早逝：晋明帝奇闻疑案

晋明帝司马绍为人豪爽，自小聪慧，幼时便曾经与父亲就"太阳与长安孰近"的问题作出争辩，以及运用东宫卫士一夜兴建太子西池，在他身上发生了许多奇闻疑案。

晋明帝司马绍传奇

晋明帝自小聪慧，按照《世说新语》记载，晋明帝小时候便曾经与父亲就"太阳与长安孰近"的问题作出争辩，以及运用东宫卫士一夜兴建太子西池的逸闻。司马绍不但工于书法、礼贤下士而且孝顺，并且司马绍也相当勇猛，王敦以"鲜卑儿"称之。王敦一度想要求晋元帝废除太子，但因为大臣反对而作罢。

晋明帝于公元322年，在晋元帝司马睿死后即位，大赦天下。晋明帝曾经微服密探王敦营垒，并且于太宁二年（324年）平定王敦的叛乱，停止对于王敦党羽的追究，为安定皇帝的权威，全力重用王导，并且与江东大族保持和谐的态度，成功对"王敦之乱"作出善后。王敦专权，举兵入朝排除异己，司马绍准备亲自迎战王敦，温峤劝阻。王敦因此对司马绍忌惮，一次召集百官，王敦说皇太子有何德行？想以太子不孝的罪名废黜。但是司马绍英勇神武，受到朝野的拥戴。

温峤也称颂他忠孝，群臣都附和赞同温峤，所以王敦只能作罢。晋明帝即位后，立即着手加强东晋的军事力量，太宁元年（公元323年）任命亲信华恒为骠骑将军，都督石头城的水陆军事，加强都城防御。三月，王敦为了试探他，奉献玉玺一枚，表示讨好，随后上书表示要入朝为官，实际上是看晋明帝是否敢解除他的实权，司马绍立即下诏让他入朝。

王敦见要解除自己的实权，便有谋逆的企图，他表面上假装接受，四月起程前往于湖（今芜湖），但是却秘密准备举兵。司马绍也非常果断，立即宣布提升司空王导为司徒，拉拢王导，而让王敦接替了王导的扬州牧职务，使二人产生矛盾。王敦也在积极部署，他谋害了巴东监军柳纯，开始清除后方的异己。六月晋明帝立皇后庾氏，加封陶侃为征南大将军，征郗鉴入朝为尚书令。王敦不应诏，开始拖延入朝。十一月，王敦矫诏以哥哥王含为征东大将军，代替自己都督扬州军事。第二年，王敦病重，他的亲信钱凤问后事，王敦说放弃兵权归身朝廷是上策；退还武昌，向朝廷贡献自守是中策；举兵攻打，希望侥幸取

胜是下策。五月王敦亲信公乘雄、冉曾，准备起兵。司马绍一面派亲信沈桢秘密游说王敦的亲信沈充，许以司空的职务，一面加封王含为骠骑大将军，表示安抚。并亲自秘密前往于湖侦察王敦的动静，被王敦察觉后，施计摆脱追踪返回。司马绍加封王导为大都督，扬州刺史。令温峤和卞壶守卫石头，并且征调淮北等地的北方晋军守卫京师，双方战事一触即发。

公元324年7月，王敦派遣王含、钱凤等指挥五万大军向建康进攻。王含问如何处置天子，王敦说他还没有举行南郊大典，不能算天子，你只要保护好东海王和王妃就可以了。王敦打算杀害司马绍，立东海王为皇帝，以讨伐奸臣温峤为名举兵。王含指挥大军到达江宁，晋明帝亲征，并且散布王敦之死的消息，发布诏书，招抚王敦部下，讨伐王敦。王导因为与王敦也产生矛盾，也劝说王含归顺，不从，所以公开为王敦发丧。王含大军与晋明帝指挥的部队在建康附近决战，温峤挫其锋锐，司马绍指挥段秀、曹浑、陈嵩等夜袭打败了王含。王敦病死，司马绍亲自迎击钱凤，连战连胜。沈充率军万人与王含大军会合，筑垒坚守。刘遐、苏峻也率万人赶到，晋明帝亲往慰劳两人，犒赏三军。叛军连战皆败欲北上渡淮，被苏峻击溃。晋明帝平定叛乱后，大封功臣，王导为郡公，温峤、庾亮等为县公，郗鉴等为县侯。

晋明帝是一位宽宏大度的君主，他先赦免了叛军士兵，随后又赦免了王敦的旧部将领，周抚和邓岳参与叛乱，司马绍发布诏书招抚两人，也没有归顺，兵败后逃到西阳项氏蛮中，被司马绍赦免后，入朝请罪。当时朝议对王敦的部下禁锢，温峤上书替王敦的部下求情，司马绍赞同温峤的意见，解除了对周抚、邓岳、陆玩等人的禁锢。晋明帝任命王导为太保、领司徒，陶侃代替王敦担任征西大将军，守卫荆州，郗鉴为车骑将军、卞壶为尚书令、邓攸为尚书左仆射，任贤使能，使东晋的局势开始向好的方向发展。可是不久晋明帝司马绍就因病去世，年仅 27 岁。遗诏让司马羕、王导、庾亮、温峤、郗鉴、卞壶、陆晔等人辅佐太子晋成帝司马衍。

晋明帝的后宫事务

晋明帝生母荀氏，本为元帝宫人，生明帝及琅邪王裒。荀氏自以位卑，所以每怀怨望，结果被元帝遣出，渐见疏薄。及明帝即位，别立第宅。

当然，由一名宫女继而成为一个与皇后平起平坐的嫔妃是有些难度的，何况这位荀氏是燕代胡人，明帝成年后，他的长相不大像元帝，反而更像其外祖父家人，其须发都是黄色而非黑色。因为明帝的这一特点，还几乎害他丢了性命。

公元 324 年六月份，明帝知道王敦将举兵进攻京城建康了，于是，为了视察军情，明帝便一个人骑了他那匹巴滇骏马微行，偷偷地跑到王

敦大军的营盘外实地勘探，这时有军士报告王敦说这个人非常可疑，王敦当时正在睡午觉，梦见太阳绕着他的城市上空盘旋，于是一下就惊醒了，告诉报告情况的军士说"此必黄须鲜卑人来也"。于是王敦命令五队人马去追赶明帝。

明帝本纪上说：

帝亦驰去，马有遗粪，辄以水灌之。见逆旅卖食姬，以七宝鞭与之，曰："后有骑来，可以此示也。"俄而追者至，问姬。姬曰："去已远矣。"因以鞭示之。五骑传玩，稽留遂久，又见马粪冷，以为信远而止不追。帝仅而获免。

由于明帝很小的时候，他的生母便被元帝赶出宫去了。于是，他曾经由唆使他父亲把他娘赶出去的庾氏带过一段时间。但他稍稍年长后，便经常跑到宫外去看望他的娘亲，所以后来王敦在元帝气得要死之际，打算废他的太子的时候，温峤说太子仁孝。史书上记载温峤的原话是这样的："钩深致远，盖非浅局所量。以礼观之，可称为孝矣。"意思是说，太子没有什么深谋远略，大将军你不必担心，不过太子很有孝心，没有必要废掉。

明帝司马绍是个很有主见和个性的人。比如说，在帝王之家，看重的不是血缘关系，而是看谁能给他们带来好处，往往是亲生的娘亲不待见，反而认有地位的皇后为亲娘。而明帝却不是这样。而且自己一旦登基，先把自己的亲生母亲孝敬一番，并尊其母为建安郡君，为之别建宫第。太宁元年（323年），明帝还把生母荀氏接到皇宫里来。

那么，明帝与皇后之间又有着什么样的故事呢？

明帝在封为太子后，才选聘了颍川鄢陵荀氏中一个年纪比较大的女子庾文君为妃子。这时太子司马绍已经年满20岁，年纪已经不小了，而太子妃比太子年纪大了3岁——这样大的年纪还没有出嫁，在当时可是少有的事情。一般而言，那时的女孩都在十五六岁左右便出嫁为人妻了。当然，对于明帝的这位庾文君皇后来说，也许她不做皇后还真的会快乐很多。

首先是嫁给太子后，太子并不怎么喜欢这位名门闺秀。两个人同床共寝的日子很少，直到成亲将近四年，才给明帝生下了一个儿子，也就是后来的成帝司马衍。

其次是明帝即位后，迟迟不愿册封庾文君为皇后。这事拖了大半年，还是很多大臣联名进谏才不得已为之的。

第三则是因为当了皇太后，结果年纪轻轻就被叛乱的苏峻、祖约给逼死了。死的时候她才年仅32岁。

我们现在来看看明帝册封庾文君为皇后的诏书是如何写的吧：

妃庾氏昔承明命，作嫔东宫，虔恭中馈，思媚轨则。履信思顺，以成肃雍之道；正位闺房，以著协德之美。朕夙罹不造，茕茕在疚。群公卿士，稽之往代，佥以崇嫡明统，载在典谟，宜建长秋，以奉宗庙。是以追述先志，不替旧命，使使持节兼太尉授皇后玺绶。夫坤德尚柔，妇道承姑，崇粢盛之礼，敦蠲斯之义，是以利在永贞，克隆堂基，母仪天

下，潜畅阴教。鉴于六列，考之篇籍，祸福无门，盛衰由人，虽休勿休。其敬之哉，可不慎欤！

明帝的这道诏书里有几句话里的用词值得注意，笔法独特，如"思媚轨则"、"履信思顺"等等。在这样典雅堂皇的册封诏书中，明帝干吗要说"思顺"、"思媚"呀？原因之一就是这位皇后有些母老虎气势，一点也不温柔妩媚，这让明帝很不好受，所以在这样重要的传世文告中，还偏偏要把皇后的丑事给揭露一番。

明帝在诏书中还说，我为什么最终还是决定册立你为皇后呢？原因是朝中大臣老是唠唠叨叨，说看在子嗣的份上给你一个名分，好让我的帝业能够千秋万代地传承下去。我实在厌烦得很，所以就来册封你了。

不过明帝接着说，我今天虽然册封你为皇后，但你要好好遵守妇道，带好儿子，为天下做女人的表率。如若不然，那可是祸福无门的呀。

明帝不喜欢皇后的理由其实非常简单，就是因为他在宫中藏了一位绝色女子，这位绝色美女就是绿珠的弟子宋祎。

宋祎能歌善舞，其特长是吹笛，一时冠绝群士，国中吹笛者无有能出其右者。加之宋祎曾经侍奉过大将军王敦，因此年轻的宋祎懂得做女人要温柔体贴，而且床笫之间也要颇为用心经营。那高门大族出身的庾文君哪里是宋祎敌手？加之两人年纪相差不多，宋祎国色天香，又能歌善舞，善解人意，两人一较量，便是高下立判。不过，宋祎懂得用卑贱来抵御太子妃的盛气凌人，因此太子妃庾文君越是大闹，太子便越是向着宋祎这位绝色而柔弱的女子。男人保护弱者的勇气和激情便油然而生了。

明帝的死是一件疑案。本来,明帝身强体壮而且大将军王敦将反未反之际,明帝居然一个人骑着自己的宝马去王敦营盘勘探军情,这种胆识和体魄不可能一年之后就会一病不起的。从史书的记载中,当时并无瘟疫,明帝此前也没有什么别的疾患。为何短短的时间内便会因病驾崩呢?当时明帝只有27岁,而且是文武兼修的强壮身体呀!

据史书记载,明帝闰八月壬午得病(19日),召太宰、西阳王羕,司徒王导,尚书令卞壶,车骑将军郗鉴,护军将军庾亮,领军将军陆晔,丹阳尹温峤并受遗诏,辅太子,并将自己珍爱的大美人宋祎赐予当时的吏部尚书阮孚。八月丁亥(24日)立遗诏安排丧事。次日驾崩于东殿。

明帝得病的期间,朝廷发生了一件阴谋,具体的事情史书没有详细记载,只在《晋书·外戚传》里略约提及,原因是什么也没有说,只是明帝不让大臣严究,结果明帝的母舅(庾皇后的弟弟庾胤与宗室中的一位亲王南顿王司马宗),当时这两个人都是明帝所亲昵的嬖(bì)宠,庾胤为右卫将军典禁兵,明帝不忍诛此二人,结果在明帝死后才杀了南顿王司马宗,将庾胤降职,并外放到桂阳那个边远的地方做太守去了,降秩为中二千石,而且还被反复徙官。

不过,得病的时间虽然很短,但是一得病明帝便自知将死,这明显是一种中毒的表示。明帝在得病后第五天的遗诏中说:"自古有死,贤圣所同,寿夭穷达,归于一概,亦何足特痛哉!"这样明帝不仅不让人们追究宫廷中阴谋的主使者,而且连已经现形的主犯之一都放过了。试想,

如果是阴谋，明帝两个最宠信的人怎么背叛他？

南顿王司马宗事后被杀，所犯的罪行只有一个，那便是谋反。问题是背后的主事者是谁？因为，南顿王司马宗做这等大逆不道的事情，实在是轮不到由他来继位做皇帝，那么，真正的凶手就只可能是皇后庾文君了。

附 录

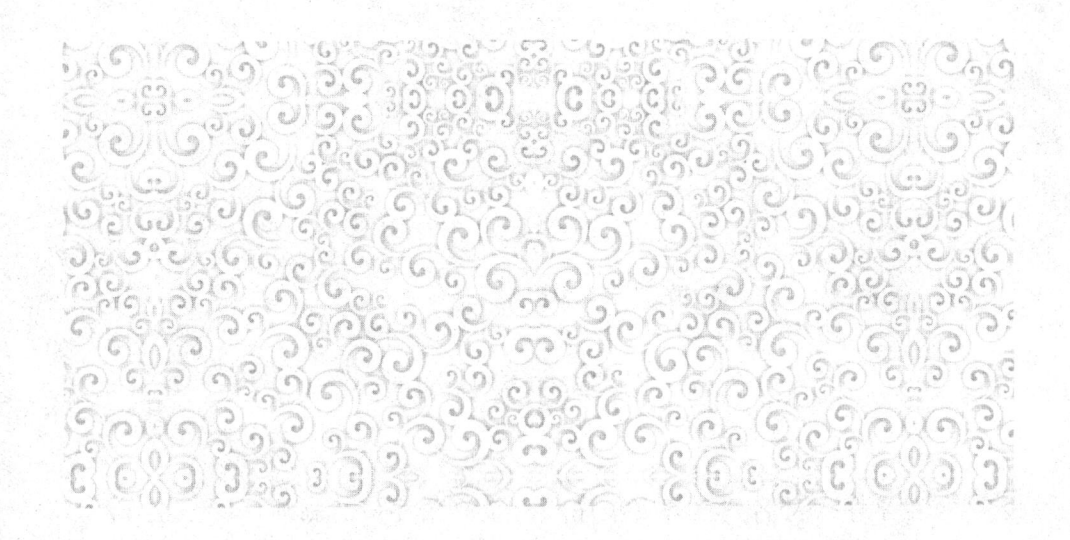

《兰亭序》之谜

兰亭序，又名《兰亭宴集序》《兰亭集序》《临河序》《禊序》《禊贴》，被称为"天下第一行书"。

东晋穆帝永和九年（公元353年）三月三日，王羲之和当时的名士谢安、孙统、孙绰、支遁等41人，宴聚于绍兴市郊会稽山阴的兰亭溪畔，26人赋诗41首，并聚诗成集，王羲之于酒酣之际趁兴用鼠须笔在蚕茧纸上为诗集写了一篇序，是为《兰亭序》。序中记叙兰亭周围山水之美和聚会的欢乐之情，抒发人生好景不长、生死无常的感慨。法帖相传之本，共二十八行，三百二十四字。

王羲之的这篇《兰亭序》中记下了诗宴盛况和观感，通篇遒媚飘逸，字字精妙，如有神助。如其中的20个"之"字，竟无一雷同，成为书法史上的一绝。以后他多次重写，皆不如此次酒酣之作，成为中国书法史上影响最大、流传最广的作品之一。

然而，这座书法史上的丰碑却历年来引起很多学者的争论，争论的焦点是《兰亭序》究竟是不是出自王羲之之手，因为《兰亭序》的风格和王羲之其他作品不太相同。

姜夔是最早对《兰亭序》提出疑问的人。后来到清末时，李文田提出"晋人书法，应仍不脱汉魏隶书面貌"的观点。

1965年，新出土的王谢墓志字迹和冯本《兰亭序》相比无论形貌与神采均相距千里，故郭沫若先生进一步提出对《兰亭序》的疑问，发表了《由王谢墓志的出土论到<兰亭序>的真伪》一文，在学术界一石激起千层浪。郭沫若认为，王兴之与王羲之为同代人，《王兴之夫妇墓志》，可能是王羲之所书"，这是对于传世东晋字帖，特别是王羲之所书《兰亭序》，提出来的一个很大的疑问。郭先生还以《兰亭序》及《临河序》的文辞对比，指出《兰亭序》是在《临河序》的基础上加以删改、移易、扩大而成的"，进而认为陈代僧人智永为《兰亭序》的写作人。就此观点，高二适、商承祚等学者纷纷发表自己的意见，指出郭沫若观点的牵强，但考辨《兰亭序》与王氏变法痕迹，可略作比附考察。

不过，《兰亭序》是否出自王羲之之手本身已经不重要了，因为这个问题已经涉及晋朝书体问题，涉及文字史、书法史、考古史等方面，其意义深远。进一步考察，将会为历史掀开新的一页。

这件千古杰作，给世世代代的后人留下了诸多的谜团。直到如今，《兰亭序》的下落仍然是一个谜，给人们留下了无尽的遗憾。

比较公认的说法是：《兰亭序》藏于陕西昭陵唐太宗的棺材里。

唐太宗李世民喜爱书法文字，尤其喜爱王羲之的笔墨，吩咐官员在天下广为搜寻。每每得一真迹，便视若珍宝，余兴来时临摹揣度，体会其笔法兴意，领略其天然韵味之后，便珍藏身旁，唯恐失去。不仅如此，他还倡导王羲之的笔风。他亲自为《晋书》撰《王羲之传》，搜集、

临摹王羲之的真迹。唐太宗晚年，喜好王羲之更甚。虽然收藏王羲之墨迹不少，但始终没有找到王羲之的《兰亭序》的真本。

监察御史萧翼出京调查，打听到《兰亭序》传到王羲之第七代孙智永禅师处，智永临终把它传给了他的弟子辨才和尚。于是萧翼作了精心设计和准备，更名改姓，扮成赶考的举子出发南下，企图将《兰亭序》弄到手。

一天清晨，辨才和尚打开了永兴寺门，迈出的脚踩到一个软软的东西上，低头一看，原来地下躺了一个人，散发出一股酒气。辨才自语："原来是个醉鬼！"谁知此人翻身坐起答道："醉虽醉了，未必就是鬼呀！"辨才见此人一副飘逸潇洒之态，便开玩笑地说："虽不是鬼，亦不像人！"此人回应道："如此便是佛了！"言毕大笑举步下山。辨才见此人谈吐不凡，便问道："施主从何而来？"此人对曰："我乃应试举子，昨夜月光皎洁，在山下旅店对月饮酒，苦无知音，店主说山上师父佛法上乘，且书画尤佳，便上山拜访，谁知醉卧山门，有失体统，无颜面佛。"辨才对这书生很是欣赏，便邀他入寺小住读书候试，双方谈学论禅，十分投缘。

有一天，萧翼喝得烂醉如泥，他从囊中取出一轴《兰亭序》摹本，对辨才和尚说道："这是王羲之真迹，万金难买，你我是莫逆之交，才拿出来让你一饱眼福。"为人忠厚的辨才不知是计，对萧翼说："你这个不是真迹，真迹在我的阁楼上藏着呢！"萧翼装作没有听到，昏昏睡去。辨才和尚也知道失言了，赶紧住嘴。萧翼一直"醉而不醒"，似未听见。第二天辨才见萧翼迟迟未来吃饭，前去催请，发现萧翼已不辞而别，只见桌上放着一张感谢馈赠的纸条和许多银两。

唐太宗得到《兰亭序》后非常高兴。因为萧翼智取《兰亭序》有功，唐太宗升了他的官，并赏赐给他奇珍异宝。又赐给他宫内御马两匹，并配有用珠宝装饰的鞍辔，宅院与庄园各一座。唐太宗初时还生气辨才和尚将《兰亭序》秘藏起来不奉献给他，稍稍平息后考虑到辨才年事已高，不忍心再加刑在他身上，赐给辨才和尚锦帛等物三千匹、谷三千石，下敕书让越州都督府衙代为支付。辨才和尚得到这些赏赐后，不敢将它们归为己有。将这此赐物兑换成钱，造了一座三层宝塔。他本人因为受刺激身患重病，不能吃硬饭，只能喝粥，过了一年多就去世了。

得到《兰亭序》后，唐太宗命令侍奉在宫内的拓书人赵模、韩道政、冯承素、诸葛真四人，各拓数本，赏赐给皇太子及诸位皇子和近臣。

又有一说法：隋末，广州一位好事的僧人得到了王羲之的《兰亭序》。这个僧人有三样宝物，非常珍惜地收藏着。一是王羲之手书《兰亭序》，二是铜质神龟，三是铁质如意。唐太宗知道后，派去一个人，用欺骗的手段，从这位僧人手里弄到了《兰亭序》。僧人失去《兰亭序》后说："第一宝物没有了，其余的宝物还有什么收藏价值呢？"于是用如意击石，打断了扔了；又将铜龟的一只脚摔坏了，从此不能行走。这一种说法可能是第一种说法的误传。

虽然后人对于《兰亭序》存有真伪之争。可当年唐太宗得到了《兰亭序》却是一致的看法。那么，唐太宗死后，《兰亭序》又流落何处了呢？

唐太宗临死前，他嘱咐儿子李治，也就是后来的唐高宗，把《兰

亭序》放进他的棺材。李治遵命，用玉匣装着《兰亭序》藏在了唐太宗的坟墓昭陵里。

唐末五代的军阀温韬在任陕西关中北部节度使期间，史籍记载："在镇七年，唐帝之陵墓在其境内者，悉发掘之，取其所藏金宝。"李世民的昭陵自然难以幸免，由于昭陵修筑得异常坚固，他让士兵尽全力打通了75丈长的墓道，进入地宫，见其建筑及内部设施之宏伟壮丽，简直跟长安皇城宫殿一样。墓室正中是太宗的正寝，正寝东西两厢各有一座石床，床上放置石函，打开石函，内藏铁匣。铁匣里尽是李世民生前珍藏的名贵图书字画。其中最贵重的当推三国时大书法家钟繇和东晋时大书法家王羲之的真迹。打开一看，二百多年前的纸张和墨迹如新。这些稀世珍藏，全被温韬取了出来，但迄今千余年来下落不明。

对此，有些人认为，史书虽然记载温韬盗掘了昭陵，发现了王羲之的书法，但是并没有指明其中包括《兰亭序》，而且此后亦从未见真迹流传和收录的任何记载。温韬盗掘匆忙草率，未作全面、仔细清理，故真迹很可能仍藏于昭陵墓室更隐秘之处。但是，与之相反，也有另一种说法，就是《兰亭序》没有埋藏到昭陵之中，而是埋在了唐高宗李治的陵墓乾陵之中。持这种观点的人认为：唐太宗死时，并没有提出要将《兰亭序》随葬，而是将《兰亭序》交给了同样喜爱笔墨丹青的李治。李治多病，不久病亡。临终前，他在病榻上传遗诏，下令把生前喜欢的字画随葬。因此，在《兰亭序》失传之后，就有人怀疑《兰亭序》并非随葬昭陵，而是被藏在乾陵。

唐代皇陵有十八座，据说被温韬挖了十七座。唯独挖到乾陵时，风雨大作，无功而返。在唐之后，再没有人见过《兰亭序》的真迹，这也使更多人相信《兰亭序》随葬乾陵的说法。总之，《兰亭序》真迹的下落问题，成为长期以来众说纷纭、争论不休的一个历史文化之谜。究竟如何，看来只有到以后昭陵、乾陵正式发掘之时，才能解来这个谜。

王羲之归隐之谜

王羲之是我国历史上人尽皆知、唯一被后世尊为"书圣"的书法家。他的书法"尽善尽美",尤其是他写的《兰亭序》名扬天下。但是,他在仕途上却不是很得志。就在兰亭聚会后的第三年(公元355年),王羲之放弃了二十多年的"官龄",彻底告别了官宦生涯,到剡县(嵊县)金庭,过起了隐居生活。

那么,是什么原因导致他走上辞官归隐之路的呢?史书中说法不一。有的说是王羲之晚年笃信道教,隐遁山林是理所当然的;也有的说,王羲之由于不堪"政敌"王述的百般刁难,觉得仕途渺茫,才愤然辞职的。

其实,王羲之辞官归隐是由多种因素促成的,既有外在的、客观的因素,也有主观上的问题。

根据史料记载,王氏家族是东晋时最有代表的南下文化士族。王羲之的道教信仰有着深厚的家庭背景。从上到下,无论是王羲之的祖上,还是其子孙、亲戚朋友,都是虔诚的道教信仰者。会稽山水俱佳,是当时名士们的聚集地。平时,王羲之最爱与这些名士和佛家名僧交游,而他本人则奉事道教,他们彼此引为同道,向往隐遁山林、服食养性、清淡遨游的生活。在剡中，他常常与道士许迈修炼深山，遍游诸郡名山，并慨叹"我卒当乐死"。事实也正是如此，游山玩水、携子抱孙、访道服药、读书写字，构成王羲之晚年的生活画卷。由于王羲之的为人、政声和盛名，朝廷上谢万等好友和有识之士，不断地写信给他，希望他重返朝廷为国出力。可是王羲之都谢绝了，可见，王羲之晚年入剡隐居，归真修道，正是他孜孜以求的夙愿。

而且，王羲之本来就对仕途并不感兴趣。他自己也曾经表示，"吾素自无廊庙志"，就是不想当官。虽然，在年少时，他的才学就为吏部尚书周凯、大将军王敦所赏识，并冀以厚望。入仕后，当他还是一个小小的秘书郎（整理和校阅宫中文库中图书的小官）时，征西将军庾亮就请他当参军，不久又升任长史。当时，王羲之还只有二十三岁。尤其是扬州刺史、中军将军殷浩，称王羲之"清鉴贵要"，并多次向朝廷举荐他。朝廷也多次召他为侍中、吏部尚书，可都被王羲之推辞了。其中一个原因，是他不乐意待在京城里，而是想远离朝廷。这样既可以不受朝规约束，又可以游历名山胜水。

确实，王羲之辞官归隐的政治原因是，他的朝廷"靠山"殷浩不幸倒台。353年，殷浩不肯听从王羲之的劝告，再次北伐，结果在洛阳被羌族人打得大败，死伤了一万多人马，连粮草武器也丢光了。第二年，殷浩的政敌桓温便上疏弹劾他，说他连年北伐，粮械费尽，朝野胥怨，不宜再担任执政之位。晋穆帝和当朝宰辅司马昱虽然心中偏向殷浩，但由于桓温大权在握，拥有强兵，且坐镇江淮，又有平定川蜀之功，只好解除殷浩一切职务，废为庶人，告老还乡，后来被流放到东阳信安县

(今浙江衢州），整天在家书写"咄咄怪事"四字，后来在愤懑中死去。不久，朝廷由守丧期满的原会稽内史王述接替殷浩担任扬州刺史。这直接影响了王羲之后半生的政治前途甚至人生轨迹。

那么，王述到底是怎样的一个人？他与王羲之之间又有着怎样的恩怨？

王述（312—373），与王羲之同年同宗，前者出生太原王氏大族，后者出生琅琊王氏望族，两人门第相当。据《世说新语》和《晋书·王羲之传》记载，王羲之向来看不起王述，而且多次污辱他。王述任会稽内史时其母亡故，便去职守孝，暂时留在山阴县办理丧事。碰巧，朝廷让王羲之接替他出任会稽内史，王羲之多次说要前去吊唁，可是一连几天也没有去成。后来，又亲自登门通知前去吊唁。可等到王述哭起来后，他又不上灵堂就走了。王述是孝子，丧母已很伤心，而王羲之桀骜不羁，让他觉得这是莫大的侮辱。于是，王述便怀恨在心。还有，王羲之接任后，王述总以为王羲之会去拜见他。于是，每日听到郡守离开官署的号角，他就命人洒扫厅堂，等待王羲之的到来，却屡次失望。有一次，王羲之路遇王述，实在推脱不过，表示要前往慰问，商定好日期，王述一切准备妥当，王羲之路过门前却扬长而去。从此，两人的误会愈来愈深，王述暗自发誓要伺机报复王羲之。

王述受诏担任扬州刺史后，在会稽郡内大拜宾客，连等闲官宦人家都去了，唯独没有到郡署去拜会王羲之，而是从郡署门前一别而去。更让王羲之恼怨的是，王述自上任后，便对会稽郡百般刁难。

当时，王述还派人传话，叫王羲之自己找个合适的办法来了断恩怨。

王羲之觉得，如果继续留在位上，王述可能会一直刁难、折磨自己，而且很可能有辱父母双亲。倘使先人有灵，必然地下不安。于是，王羲之通过权衡利弊，毅然决定辞职。355年三月九日，王羲之在父母墓前摆下筵席，举行告誓先灵的仪式。从此，王羲之便归隐直至终老。可见，与王述难以调和的矛盾才是王羲之辞官归隐的直接原因。

王羲之书法之谜

王羲之的书法造诣非凡。唐张怀《书断》列其隶书（即楷书）、行书、章草、飞白、草书为神品，八分为妙品。行书《兰亭序》被奉为天下第一行书，楷书《乐毅论》《黄庭经》亦被尊为极致。王羲之妍美流便、飘逸洒脱的书风，千余年来令无数书家心驰神往。梁武帝评其书是"龙跳天门，虎卧凤阙"（梁萧衍《古今书人优劣评》）。唐太宗则赞叹"详察古今，研精篆素，尽善尽美，其唯王逸少乎！"（《晋书·王羲之传》）

王羲之因曾为右军将军，故又称"王右军"。琅邪国临沂县（今山东省临沂市）人。中国古代杰出的书法艺术家。他承续钟繇、张芝，被后世尊为一代"书圣"。

西晋末年，司马氏政权外受北方新起势力刘渊的威胁，内则"八王之乱"甫定，元气大伤，政局岌岌可危。羲之父亲王旷献策琅邪王司马睿，移镇江南以求自保和发展，并与羲之从伯王敦、王导（又《世说新语·赞誉》刘孝标注："按王氏谱，羲之是敦从父兄子。"今从《晋书·王羲之传》）辅佐司马睿渡江。后来王旷率兵北征，战败后下落不明。王导、王敦拥立司马睿登基，建立东晋王朝，有'王与马，共天下'之称，居江南王、谢、郗、庾四大家族之首。但此后，王敦起兵反叛，王导晚年昏聩，琅邪王氏势力日渐衰落。王羲之系出琅邪王氏，父王旷，母亲姓氏不可考。琅邪王氏自西汉时由琅邪皋虞迁至临沂，至西晋羲之伯曾祖王祥、曾祖王览始成为'士族'。

王羲之五岁随家族过江，入住建邺（今南京）乌衣巷。不久父亲失踪。年幼的他虽身在名门大族，却'不蒙过庭之训，母兄鞠育，得渐庶几'（《晋书·王羲之传》）。特殊的环境养成了他孤傲的性格，成年后，太尉郗鉴在王氏诸少中选婿，羲之东床坦腹，满不在乎，郗鉴大为欣赏，以女妻之。

约于明帝太宁三年（325年），王羲之按当时贵族子弟出仕惯例，起家为秘书郎，开始了他的仕宦生涯。至永和十一年（355年）誓墓不仕，王羲之先后任临川太守征西幕府参军、江州刺史、护军将军、右军将军、会稽内史等职。晋一代，玄学兴盛，清谈成风，士族子弟及各级官吏浸淫于清谈，崇尚风流，不以政务为要。王羲之从'事君行道'出发，认为'虚谈废务，浮文妨要'（《晋书·谢安传》），无论是在朝中为官，还是出使外任，均亲理政务，勤求民隐，对种种弊政深切痛恨。在护军将军任上，他深入调查，致力于纠治营中弊端，发布《临护军教》，提出'公役均平'。在会稽内史任上，他针对吏治腐败与赋役黑暗，努力推行慎选官吏与均平赋役之策。在连年大旱、民生困顿之际，不等朝廷下令，果断开仓赈灾，救民于危难。

王羲之'清贵有鉴裁'（《晋书·王羲之传》）。东晋偏安江南，收复

北土的呼声终朝不绝，并成为政要权力之争的砝码。王羲之洞察时政，对历次北伐之举、将帅人选有着清醒的认识。永和八年（352年），殷浩为与桓温对抗，上疏请求北伐。羲之以为此举必败，便致书竭诚劝阻，殷浩不听，终致大败。羲之怅惋不已。

永和十一年，骨鲠气傲的王羲之不堪忍受上司扬州刺史王述的百般刁难，率子女在父母墓前发誓不仕，从此退出官场。但他在优游山林之余，仍关注朝臣进退，深以国事为念。

在东晋政坛上，王羲之可谓勤谨务实、体察民情的良吏，但处于君昏政暗、'虚谈废务'的时代，他难以有所作为，故而政绩不显。然而作为一名杰出的书法艺术家，他为中国书法艺术树立了一座后人难以企及的高峰。

书法乃琅邪王氏家族世代相传之艺术。王羲之的父亲王旷，从伯王敦、王导，都精通书法。王羲之受家学熏陶，得自卫夫人等名家指点，一经启蒙便乐此不疲，勤习苦练，表现出极高的习书天赋。他苦苦临习王导赠予的钟繇《宣示表》，从中领悟书法艺术的真谛，为日后辉煌的艺术成就奠定了坚实的基础。

王羲之生活的时代是一个特殊的时代。"汉末魏晋六朝是中国政治上最混乱、社会上最痛苦的时代，然而却是精神史上极自由、极解放，最富于智慧、最浓于热情的一个时代。因此也就是最富有艺术精神的一个时代。"（宗白华《论〈世说新语〉和晋人的美》）在这一时期，新的审美观念和标准在文人个性自觉的基础上得以确立，古拙浑朴之美向妍丽飘逸转换，各种艺术形式在要求表现自我情志的同时，开始追求形式的妍美。文学、书法、绘画等各个领域的一大批极富天才、敢于创新的文学家、艺术家，冲破传统的樊篱，以"画乃吾自画，书乃吾自书"（唐张彦远《历代名画记》）的气概，建立了新的体式法度，开拓出文学艺术的新境界。王羲之就是书法领域中最杰出的代表。

王羲之的书法真迹，自东晋末，经南朝至隋朝，历经战乱，遗失、毁灭者甚多。到唐初，由于太宗高价收购，共得二千余纸，其中不乏赝品。部分名作，太宗甚至令拓书高手冯承素等摹出副本，分赠宠臣。后不少真迹殉葬昭陵，部分则由皇族自内府窃出，终致散佚。五代温韬发昭陵，陵内法帖全遭毁弃。宋初，刻本丛帖出现，如《淳化阁帖》《大观帖》等，内中多收王羲之、王献之书法，是以真迹亦或摹本为底本刻木刻石，无法详考。由宋至清，丛帖更多。至今，书于绢上及纸上的摹本约有三十余帖，大多藏于国内外（多在日本）博物馆、美术馆，部分为私人收藏，传世羲之书法精品，多在其中。石刻拓本（如集王书圣教序、定武兰亭）及宋明清木刻丛帖中各帖，因真伪交杂，总数难以确定。

晋穆帝升平五年（361年），王羲之因长年服药致疾，辞世而去，终年五十九岁，葬金庭（今属浙江嵊州）。诸子遵其遗嘱，辞却朝廷"金紫光禄大夫"的赠官。王羲之有文集十卷，唐代散佚。明张溥、清严可均各有辑本，均不全。

陶渊明归隐之谜

陶渊明开创了田园诗的体系，使中国古典诗歌达到了一个新的境界。从古至今，有很多人喜欢陶渊明固守寒庐，寄意田园，超凡脱俗的人生哲学，以及他淡薄高远，恬静自然，无与伦比的艺术风格。

陶渊明少年时受传统儒经的影响，怀有兼济天下、大济苍生的壮志。但是，由于门阀制度的存在，庶族寒门出生的人不可能突破门阀士族对高官权位的垄断，在这样的情况下，陶渊明的理想是难以实现的，他的理想注定会破灭。陶渊明直到二十九岁的"高龄"才出仕为官，但终其一生，他所做的也不过是祭酒、参军、县丞一类的芝麻小官，不仅壮志无法施展，而且不得不在苟合取容中降志辱身。到他三十九岁时，多年来的经历使他的思想发生了质的变化，他开始转向躬耕自给自足，追求心灵的宁静与淡泊。此后，他又为彭泽县令，因不愿为五斗米折腰，上任八十余日就解印挂职而归。从此，他结束了他仕途的彷徨，义无反顾地走上了归隐田园之路。自四十一岁归隐田园之后，陶渊明确确实实享受了一段"暧暧远人村，依依墟里烟。狗吠深巷中，鸡鸣桑树颠"的田园乐趣。然而书香门第出来的陶渊明毕竟不是耕种的好手，"开荒南野际"的辛勤也未必能使他过上衣食无忧的小康生活。在陶渊明四十四岁时，一场灾祸更使得他全家一贫如洗。

这年夏天，洋溢着生活气息的"方宅十余亩，草屋八九间"被一场无情的大火烧光了，全家只好寄居在船上，靠亲朋好友的接济过活。永初三年（422年）陶渊明五十八岁时生活已近绝境，其情况反映在《有会而作》一诗中，"弱年逢家乏，老至更长饥。菽麦实所羡，孰敢慕甘肥！"元嘉四年（427年），诗人贫病交加，在其《挽歌诗》中第二首自挽诗中，诗人对死后可以"鼓腹无所思"的幻想，读来让人心酸："在昔无酒饮，今但湛空觞。春醪生浮蚁，何时更能尝。肴案盈我前，亲旧哭我傍"。元嘉四年（427年）十一月，六十三岁的陶渊明淡然离世。

关于陶渊明的出仕与隐退，人们习惯于从社会大环境崇尚隐逸之风和他内儒外道的思想去解释。其实，观察陶渊明五次仕宦经历，具体地去分析他为何隐退守拙的原因，可以得出一些新的认识。可归结为两点：一是陶渊明本性使然，二是社会现实使然。陶渊明性格的本质特征是追求心灵的最大自由和心态的闲适优雅，仕宦生活不符合他崇尚自然的本性。陶渊明处于一个崇尚自由、玄风扇炽的时代，政治上的篡夺和杀伐使一些追求和平的士人极易形成隐逸的品格。陶渊明隐逸性情的形成，应当说与东晋士族文人这种普遍企羡隐逸，追求精神自由的风尚不无关系。就是这种崇尚自然、悠然洒脱的天然禀赋，使他不堪"为五斗米折腰向乡里小儿"，而最终挂官归田。

他写了《归去来兮辞》，在诗中他十分坦诚地讲，就任县令，是为生计所迫；之所以辞职，是因为"质性自然，非矫励所得，饥冻虽切，违

己交病"，超然的性格使他宁可饿肚子，也不愿违心地逢迎上司而混迹官场。在《归园田居》中，诗人歌道："少无适俗韵，性本爱丘山。误落尘网中，一去三十年。羁鸟恋旧林，池鱼思故渊。""久在樊笼里，复得返自然。"短短几句，对仕途的厌恶之情溢于言表。因"质性自然""本爱丘山"，视仕宦之途为樊笼的陶渊明，终辞职归隐，抛离尘杂，返归自然。陶渊明虽最终解职归田，但他少壮时，却是有一番建功立业、兼济天下的思想的。在《饮酒》《杂诗》等诗歌中，他曾道："少年罕人事，游好在六经"，"猛志逸四海，骞翮思远翥"，"少时壮且厉，抚剑独行游"，表明了他并非一开始就有出世的想法。他出生于世代官宦的家庭，又是元勋之后，也曾期望在仕途中有所进取，在政治上有所作为。

但他所处的东晋末年时局动荡，这种社会动乱不仅给人民带来灾难，同时在社会上层也造成严重的不安感。这使陶渊明的政治雄心渐渐消减。另外，在这种权力争夺之中，一切卑污血腥的阴谋，无不打着崇高道义的幌子，这使得秉性真淳的陶渊明很难以忍受。晋孝武帝太元十八年，二十九岁的陶渊明第一次出来做官，到四十二岁辞官归田共十三年。这期间，陶渊明一直处于"出世"与"入世"的矛盾斗争中，这在他的诗中多有体现。在《辛丑岁七月赴假还江陵夜行涂口》等诗中，他叹道："如何舍此去，遥遥至西荆"，"日月掷人去，有志不获骋"，诗中蕴籍着诗人太多的失望和悲慨，可以看出陶渊明也曾为是否归田有过痛苦的徘徊和犹豫，但终究"爱丘山"的夙愿压倒了"逸四海"的猛志，他终于找到了他最终的路——归隐田园。所以说，他的归隐是社会现实使然，是他的理想与社会现实无法调和的结果。

从陶渊明归隐后的生活来看，陶渊明的归隐不同于东晋时借归隐之名邀誉的其他隐士。他是真隐，是一种人生的选择，是一种对"举世皆浊"、"众人皆醉"的厌恶。且看陶渊明一生的经历：始为州祭酒，不堪吏职，少日自解归。后仕职于桓玄、刘裕、刘敬宣的幕下，最后任职彭泽令八十余日，因不肯为五斗米向乡里小人折腰，毅然辞职归耕田园。也有人劝他再度出仕，可是他宁愿贫病交加，穷困潦倒也不愿再涉官场。在《归园田居》《饮酒》等诗中，诗人对自己归隐后的生活作了描写，"白日掩柴扉，对酒绝尘想。时复墟里人，披草共往来。相见无杂言，但道桑麻长。""方宅十余亩，草屋八九间。""暧暧远人村，依依墟里烟。狗吠深巷中，鸡鸣桑树颠。""结庐在人境，而无车马喧。问君何能尔，心远地自偏。采菊东篱下，悠然见南山。"这些别人都瞧不上眼的乡村、平凡的事物、乡间生活，在诗人笔下却是那样的优美、宁静，显得格外亲切。归隐后的陶渊明还亲自参加劳动，歌颂劳动，这使得他的田园诗更具劳动生活气息。《癸卯岁始春怀古田舍》《归园田居》《庚戌岁九月中于西田获早稻》等，都描写了诗人参加劳动的情况："在昔闻南亩，当年竟未践。屡空既有人，春兴岂自免。夙晨装吾驾，启涂情已缅。""开春理常业，岁功聊可观。晨出肆微勤，日入负耒还。""但愿长如此，躬耕非所叹。"在早出晚归的辛勤耕作中，陶渊明与劳动人民的关系更为密切，对劳动人民的感情也更为真挚："日入相与归，壶浆劳近邻"，"清晨闻叩门，倒裳往自开。问子为谁欤，田父有好怀。壶觞远见候，疑我与时乖。"

陶渊明的隐居生活其实并非完全的出世，他隐居的本身就是对于黑

暗现实不肯同流合污的一种反抗，这和逃避现实不一样。他长期参与田间劳作，感情上越来越贴近劳动人民，更了解人民疾苦，在他的诗中对劳动人民的贫寒生活以及仕途的黑暗虚伪多有反映。他在诗中写到："夏日常抱饥，寒夜无被眠"，"旧谷既没，新谷未登，颇为老农，而值年灾，日月尚悠，为患未已"，"羲农去我久，举世少复真"，"重华去我久，贫上世相寻"。虽然归隐田园，但诗人心中并不平静，也不可能完全抛却社会现实，他将自己未尽的政治理想寄寓诗中。

《桃花源记》描述了陶渊明心中的理想社会：有良田阆池桑竹之属，人人都"怡然自乐"。这里没有剥削，没有压迫，人人劳动，大家过着富庶和平的生活。这个"世外桃源"反映了诗人美好的愿望，它和当时黑暗的社会现实形成了鲜明的对比，是诗人对现实社会的一种否定。它是诗人归田后对农村生活实践的结晶，是诗人思想进一步发展的结果。

中国古代有不少因维护人格，保持气节而不食的故事，陶渊明"不为五斗米折腰"就是其中最具代表性的一例。

后 记

晋朝是一个风云变幻、荡气回肠的时代,这也是一个衣袂翩翩、风流恣意的时代。这个朝代既有奸诈狡猾的乱世枭雄,也有羽扇纶巾的风流雅儒;既有励精图治的英明君主,也有昏庸懦弱的智障皇帝。他们谱写了许多精彩动人的故事。

本书以独特的视角介绍了两晋、南北朝时期的政治、军事、经济和社会生活以及一些著名的历史人物和他们身上发生的精彩动人的故事,为读者展现出了那个风云变幻、荡气回肠的时代风采,能够帮助读者更好地了解这段复杂难解的历史。

两晋南北朝是秦汉之后中国历史上情况最复杂的时期,社会上各种矛盾交错纠缠,大大小小的政治实体合纵连横。两晋南北朝又是一个分裂与动乱充斥的时期,但其最后趋向于统一与融合,不能不归于文化的强大力量。文化的影响虽常无形而迟缓,但深沉而不可抗拒,征服者总

是被所征服者的较高文明与文化征服。

两晋南北朝是中国历史上第二个大分裂时代。这个时期，中国大地几乎可以说是处于"无月不战，日日相攻"的状态，战争频繁得让人望不到光明的起点，野蛮冲击让时人感到对文明的绝望。异国、异族、异己、异心之间互相猜疑杀戮。不过，传统道德的解纽也促使人们走向个性张扬。

历史可以通俗但绝非低俗，历史可以白话但绝不是神话，历史可以解读但不容亵渎，走进历史现场亲近历史人物，寻找那些不为人知的人与事。

从来没有这样的一个时代，让战争变得如此频繁；从来没有这样的一个时代，让个人才能发挥到如此极致；从来没有这样的一个时代，孕育了那样多的文化瑰宝，留下了无数的珍闻奇趣。在这段时期，中原大地烽火连天，民不聊生，想过几天安定日子都是奢望；然而也正是在这段时期，无数英雄豪杰出现在人们的视野中，指点江山，激扬文字，留下一段段令人心潮澎湃的传奇故事。